知っておきたい
子どもの
権利

わたしを守る
「子どもの権利条約」事例集

文＝鴻巣麻里香
絵＝細川貂々

平凡社

はじめに

　こんにちは。わたしはソーシャルワーカーという仕事をしています。ソーシャルワーカーとは、「困っている人」を助ける仕事です。お金がなくて困っている、暴力をうけて困っている、病気や障害で困っている、いじめられたり差別されたりして困っている、学校に行けなくて困っている……そういった困りごとを、社会のさまざまな「制度（しくみ）」を使って解決していくのがソーシャルワーカーです。

　ソーシャルワーカーの大切な役割は、権利を守ることです。権利とは、安心して安全にくらすために、生まれながらに約束されているものです。安心は、生活や将来に不安なくくらせること。安全は、こわい思いや痛い思いをせずにくらせること──命がまもられて、意見が言えて、差別されず、衣食住に困らず、暴力をうけることがなく、必要な教育や治療がうけられることなどです。権利は、誰もうばうことはできません。

　みなさんの毎日の生活でも、さまざまな「権利侵がい」がおきています。家や学校でみなさんが感じるしんどさは、もしかしたら「権利が守られていないから」かもしれません。この本では、みなさんの日常の中にあるしんどさを「権利が守られていないからかも？」という目線でよみとき、子どもの権利について解説します。この本でみなさんが手にする「権利」というキーワードが、みなさんの周りにあるしんどさの原因を見つける手助けになればと願っています。

鴻巣麻里香

子どもの権利を守る4つの柱と4つの原則

子どもは、子どもであることを理由に、大人から権利が軽んじられてしまいがちです。権利が守られにくい子どものために、国際連合（国連）は「子どもの権利条約」を定めました。1989年に採択され、2023年11月時点で196の国と地域が参加しています。もちろん、日本もその一員です。この条約では子どもの権利を守るために基本的な柱と原則を定めています。

子どもがもつ権利の柱

1. 生きる権利

・食べるものや住む場所があること
・病気やけがの治療がちゃんとうけられること
・健康に生まれて、予防できる病気は予防でき、命が守られること

2. 育つ権利

・教育をうけ、ちゃんと休んで、遊べること
・自分の力をのばして、いろいろなことにチャレンジできて、成長できること
・自分の名前や国籍をもち、親や家族とはなれずに生活できること

3. 守られる権利

・戦争などのあらそいに巻きこまれず、難民になったら守ってもらえること
・すべてのぼう力や搾取、危険で害のある労働から守られること
・障がいのある子どもや少数民族の子どもは、特別に守られなければならないこと

4. 参加する権利

・プライバシーと名誉が守られること
・自由に意見が言えて、仲間とグループになって活動できること
・自分にとって必要な情報が得られて、よくない情報から守られること

子どもの権利を守るための原則

❶ 差別の禁止（差別のないこと）
❷ 子どもの最善の利益（子どもにとって最もよいこと）
❸ 生命、生存及び発達に対する権利（命を守られ成長できること）
❹ 子どもの意見の尊重（自分が関係することについて自由に意見が言えて、大切にされること）

4つの原則は、4つの柱を守るために、大人がどう行動すればよいかの目安になるものです。
みなさんの日常のなかで、この4つの柱と4つの原則が守られていなければなりません。

もくじ

はじめに ………2
子どもの権利を守る4つの柱と4つの原則 ………3

第1条 子どもの定義 ………8

何さいまでが子どもなの？
〈考えてみよう〉できる権利、守られる権利
〈あなたを助ける制度〉児童相談所

第2条 差別の禁止 ………10

どんな理由があっても差別してはだめ
〈用語解説〉ジェンダー／マイクロアグレッション

第3条 子どもの最善の利益 ………12

大人が勝手に決めない。子どもによいことが最優先
〈考えてみよう〉話しあいのテーブルをつくる

第4条 国の実施義務 ………14

国や自治体は子どもの権利を守る法律をつくるよ
〈考えてみよう〉子どもの権利と選挙

第5条 親の指導の尊重 ………16

国は子育てする親の考えを大切にして助けるよ
〈用語解説〉親権

第6条 生きる権利・育つ権利 ………18

命が守られて安心してくらせるように
〈考えてみよう〉内心の自由と子どもの権利／「死にたいくらいつらい」のはなぜ？

第7条 名前・国籍をもつ権利 ………20

自分の名前をもって守ってくれる国に所属できるよ
〈用語解説〉無国籍

第8条 名前・国籍・家族関係を守る権利 ………22

名前や国籍、家族は「わたしらしさ」の一部だよ
〈考えてみよう〉校則と子どもの権利／いろんな家族のかたち

第9条 親からの分離禁止と分離する手続き ………24

親と勝手に引きはなされない。親が育てられないときははなれてくらせるよ
〈用語解説〉面前DV
〈あなたを助ける制度〉子どもの手続き代理人

第10条 別々の国にいる親と会える権利 ………26

別の国でくらす親に会いにいけるよ
〈用語解説〉在留資格
〈考えてみよう〉最優先で守るものは？

第11条 他国に連れさられない権利 ………28

むりやり外国に連れていかれない。もとの国に戻ることができるよ
〈考えてみよう〉ふたつの権利

第12条 意見を表す権利 ………30

自分にかかわることに自由に意見を言えるよ
〈考えてみよう〉意見とワガママ／イヤだも大切な意見

第13条　表現の自由 ………32

思ってること、伝えたいことを好きなやり方で表現できるよ
〈考えてみよう〉　表現にうまいもへたもない／表現の自由と相手を傷つけること

第14条　思想・良心・宗教の自由
………36

なにを信じるか、どう考えるか、なにを大切にするかもわたしの自由
〈用語解説〉　宗教二世／不登校と教育的ネグレクト

第15条　結社・集会の自由 ………38

自由に集まってグループをつくり意見を伝えることができるよ
〈考えてみよう〉生徒会・児童会

第16条　プライバシー・通信・
名誉の保護 ………40

わたしの秘密はわたしのもの
〈考えてみよう〉通信の保護とかげ口／プライバシーと守られる権利

第17条　適切な情報へのアクセス ………42

自分を助けてくれる情報にアクセスできるよ
〈考えてみよう〉役立つ情報のさがしかた
〈用語解説〉エコーチェンバー

第18条　親の責任 ………44

親は子どもを大切に育てる責任があるよ
〈用語解説〉ヤングケアラー
〈あなたを助ける制度〉ひとり親の支援

第19条　ぼう力などからの保護 ………46

あらゆるぼう力から守られるよ
〈用語解説〉児童ぎゃくたい／ぎゃくたいの通報義務　〈考えてみよう〉性的ぎゃくたい、あなたはわるくない／男の子も性的ぎゃくたいの被害にあう

第20条　家庭をうばわれた
子どもの保護 ………50

家族とくらせなくても安心して生活できるよ
〈用語解説〉社会的養護
〈考えてみよう〉機会の平等

第21条　養子縁組 ………52

実の親といられないときは新しい親とくらすことができるよ
〈あなたを助ける制度〉特別養子縁組
〈考えてみよう〉出自を知る権利

第22条　難民の子どもの保護・援助
………54

難民になっても助けてもらえるよ
〈用語解説〉難民

第23条　障がいのある子どもの権利
………56

障がいがあってもいろんな活動に参加できるよ
〈用語解説〉インクルーシブ教育／合理的配慮

第24条　健康・医療への権利 ………58

病気やけがのときは治療がうけられるよ
〈考えてみよう〉大人が病院に行かせてくれないとき　〈あなたを助ける制度〉国民健康保険／子ども医療／高額療養費

第25条　施設に入っている
　　　　子どもの権利 ………60

施設で安心してくらせているか、ちゃんとしらべてもらえるよ
〈用語解説〉一時保護所
〈考えてみよう〉パターナリズムって？

第26条　社会保障をうける権利 ………64

生活が苦しくなったら国が助けてくれるよ
〈あなたを助ける制度〉生活保護／児童手当・児童扶養手当

第27条　生活水準の確保 ………66

食べるものや着るもの、住まいに困ることなくくらせるよ
〈あなたを助ける制度〉任意整理／個人再生／自己破産
〈考えてみよう〉働いて親を助けるのは「えらい」？

第28条　教育をうける権利 ………68

差別されず、自分にあう方法で学べるよ
〈あなたを助ける制度〉フリースクールと教育支援センター（適応指導教室）
〈考えてみよう〉校則

第29条　教育の目的 ………70

だれもが教育をうけて自分の力をのばせるよ
〈あなたを助ける制度〉給付型奨学金（高等教育の修学支援新制度）
〈考えてみよう〉道徳と人権

第30条　少数民族・先住民の
　　　　子どもの権利 ………72

少数民族や先住民の子どもは、それぞれの文化を大切にできるよ
〈考えてみよう〉外国にルーツのある子どもとヤングケアラー　〈用語解説〉ハラールとコーシャ

第31条　休み、遊ぶ権利 ………74

休むことも遊ぶこともわたしたち子どもの権利！
〈考えてみよう〉休日の部活動／休み時間に休めてる？

第32条　経済的搾取・
　　　　有害な労働からの保護 ………76

子どもを働かせない。あぶない仕事もさせないよ
〈考えてみよう〉あぶないアルバイト／「お金をかすよ」に要注意

第33条　麻薬・覚せい剤
　　　　などからの保護 ………78

きけんな薬物から子どもを守らなければならないよ
〈考えてみよう〉麻薬はこわい、だけでいいの？／市販薬も危険

第34条　性的搾取からの保護 ………80

子どもへの性ぼう力も性を利用したお金もうけもダメ！
〈用語解説〉グルーミング／リベンジポルノ

第35条　誘拐・売買からの保護 ………82

子どもはモノじゃない！　誘拐したり、売ったり買ったりしてはダメ！
〈考えてみよう〉子どもを買う大人たち／児童ぎゃくたいと誘拐

第36条　あらゆる搾取からの保護 ………86

大人の楽しみやお金もうけのために子どもが利用されるのはダメ！

〈考えてみよう〉アイドルの低年れい化と搾取／インフルエンサーとルッキズムと搾取

第37条　拷問・死刑の禁止 ………88

わるいことをしても人権は守られる

〈あなたを助ける制度〉少年法

第38条　戦争からの保護 ………92

子どもは戦争から守られて戦わせられたりしないよ

〈考えてみよう〉子どもの人権と戦争

第39条　被害にあった子どもの保護 ………94

からだや心を傷つけられたら、守られて、回復を助けてもらえるよ

〈用語解説〉5つのF／二次被害

第40条　子どもに関する司法 ………98

わるいことをしてしまってもやりなおしのチャンスがあるよ

〈考えてみよう〉「しかえし」はしてもいいの？

第41条　既存の権利の確保 ………100

子どもの権利条約よりもよい法律があればそちらを使おう

〈考えてみよう〉法律は変えられる

第42条　条約広報義務 ………101

大人も子どもも子どもの権利について知ることができるよ

〈考えてみよう〉実は大人もよく知らない人権

第43条　子どもの権利委員会の設置 ………102

子どもの権利が守られているか委員会でしっかり見守るよ

〈あなたを助ける制度〉日本の子どもの権利委員会

第44条　締約国の報告義務
第45条　委員会の作業方法 ………103

ちゃんと報告、しっかり調査。子どもの権利侵がいを見のがさないよ

〈解説〉日本の報告と委員会からの勧告

あなたを助ける相談先 ………106
あなたを助ける支援制度 ………108

この本を読む大人の方へ ………110

あなたを助けるちしきとことば

こども基本法 ………32
子どもコミッショナー ………33
ぎゃくたいをうちあけたらどうなるの？ ………49
社会的養護と進路選択 ………62
施設を出たらひとりなの？ ………63
同意ってなに？ ………82
二次被害をうけてつらくなったら ………83
逮捕されたらどうなるの？ ………90
だれでもやりなおせる世のなかへ ………91
自分の心を守るバウンダリー ………96
トラウマってなんだろう？ ………97
支援をうけるのははずかしい？ ………104
どこに相談したらいいかわからないとき ………105

第1条 子どもの定義

何さいまでが子どもなの？

日本の法律では「子どもは17さいまで」「大人は18さいから」とされています。「子どもの権利」の対象は17さいまでになります。でも、まだ高校生なのに、18さいになって、いきなり「はい、いまから大人です」と言われても困ってしまいますよね。年れいの区切りはありますが、年れいより大切なのは「からだと心が成長する途中にある」という考えかたです（「心身の発達の過程にある」といいます）。こども基本法（32ページ）もこの考えかたにもとづいています。

友だちがもってるスマホ、うちは買ってもらえない。おこづかいとお年玉をためて、やっとショップに買いにいったら「未成年だから契約できません」って言われた。

わたしは高校3年生の18さい。親からしょっちゅうたたかれてる。先生は児童相談所に相談しようと言ってくれたけど、18さいはもう大人。相談して助けてもらえるの？

考えてみよう

できる権利、守られる権利

権利には「する権利」と「守られる権利」とがあります。子どもはまだ知らないことがたくさんあるので、すべて自分でできてしまうとトラブルにまきこまれることがあります。スマホの契約やクレジットカードをつくるなど、お金にかんすることは保護者の許可が必要です。これは危険から守られる大切な権利です。ただし、子どもに必要なことを親が制限することは権利の侵がいです。▶第3条

あなたを助ける制度

児童相談所

児童相談所は子どもにかんするあらゆる悩みの相談をうけています。家でぼう力をうけていたり、ひどいことを言われたり、ごはんを食べさせてもらえなかったり……ぎゃくたいをうけている子どもからの相談、ＳＯＳもうけています。18さい以上でもどこに相談していいかわからないときは児童相談所をたよることができます。▶第19条

第2条　差別の禁止

どんな理由があっても
差別してはだめ

わたしたちはだれひとりとして、おなじではありません。性別がちがったり、肌や髪の色がちがったり、信じている宗教がちがいます。お金のたくさんある人もいれば、ない人もいます。健康な人もいれば、病気や障がいのある人もいます。「ちがい」で差別されてはいけません。差別の禁止はすべての人がおなじにあつかわれるということではなく、だれもがちがっていてもあきらめないためのものです。視力が弱い人にはメガネが、お金がない人にはお金が、女の子の声が無視されないためには女の子のための場所が必要です。

サッカークラブ、女子の部員はわたしだけ。コーチからは「女の子なのにがんばるね」ってほめられたけど、もやもやする。リフティングで1番になったら、だれかがひそひそ声で「女のくせに」って言ってたから。

> **用語解説**
>
> ### ジェンダー
>
> 女の子だから、男の子だから。そう言われたことはありませんか？ 学校や家で「女の子のすること」「男の子のすること」がわかれていたり、服や好きなものが「女の子むけ」「男の子むけ」にわかれていたり。そういう「女らしさ」「男らしさ」という考えを「ジェンダー」といいます。ジェンダーによって「女はこう」「男はこう」とされ、したいことができなくなることを性差別といいます。

わたしはお母さんが外国人。目の色も髪の色もみんなとちがって、みんなは「いいな」って言う。「英語しゃべれる？」ってきかれることもある。お母さんは英語を話さないのに。みんな悪気はないんだろうけど。

> **用語解説**
>
> ### マイクロアグレッション
>
> 悪気のないちいさな差別のこと（マイクロはちいさい、アグレッションは攻げきの意味）。対等な相手ではない、自分とはちがうという気持ちから生まれます。「女の子なのにサッカーじょうずだね」「男の子なのに料理がうまいね」も、ほめているようで実は「女の子（男の子）はサッカー（料理）がうまいはずない」と思っているから。差別は、ほめているつもりでおこなわれることがあります。

第3条 子どもの最善の利益

大人が勝手に決めない。子どもによいことが最優先

「最善の利益」は「いちばんよいことを、最優先に」という意味です。子どものことについて決めるときは、子ども本人にとって「いちばんよいこと」を考え、選びます。では子どもにとって「いちばんよいこと」は、だれが決めるのでしょうか。子どもの願いや希望がなによりも大切ですが、まだ知らないことがたくさんある子どもは、自分にとって「いちばんよいこと」が選べないときもあります。そんなときでも、大人が「あなたのため」といって意見をおしつけず、子どもの意見をきき、いっしょに「最善の利益」を考えます。

わたし、中学受験するらしい。「するらしい」って他人ごとなのは、親が勝手に決めたから。「おまえのためだ。大人になれば受験してよかったと思うはずだ」、親はそう言ってる。

ランドセル、ピンクがよかった。でも親に「男の子だから」って黒にされた。入学式では男の子は黒か茶色のランドセル。ピンクだったらいろいろ言われたかも。黒でよかった。よかったはずなのに。

考えてみよう

話しあいのテーブルをつくる

子どもの「最善の利益」を考える出発点は、子どもの声です。子どもの願い、してほしいこと、してほしくないこと、不安や心配なこと、そういった子どもの声がなによりも大切です。大人は「ルール」を考えたり、「みんなこうだから」をきじゅんにしたり、いまよりも「将来」を見てしまいます。大人は子どもよりちょっとものごとを知っているので、「子どもより子どものことがわかる」と思いこんでしまいます。まずその思いこみにブレーキをかけなければいけません。最初に子どもの声をしっかりきいてから、大人の考えや心配を「こんな考えもあるよ」と話します。子どもと大人が話しあえるテーブルを用意することが、子どもの「最善の利益」を守る最初の一歩です。

▶第12条

第 4 条　国の実施義務

国や自治体は子どもの権利を守る法律をつくるよ

日本の子どもたちの生活にあわせた法律（子どもを守るためのルール）と制度（ルール内で子どもを守るためのしくみ）をちゃんとつくりなさい、というのが「国の実施義務」です。子どもの権利を守るための法律は、ひとつだけではたりません。家庭、学校、公園、病院など、子どもの生活はさまざまな場所やさまざまな人に支えられています。子どもの権利を守るための法律（こども基本法）を土台に、病気になった子どもを支えたり、お金のない家庭を助けたり、学校に安心して通えるようにしたりといった制度がそれぞれ必要です。

お母さんが「A市はいいなあ」って言ってた。A市の子どもは病院や保育園が無料で、給食もタダなんだって。いま住んでる市はちがうの？ ちがっていいの？

高校で「主権者教育」をうけたんだ。18さいで選挙権をもつようになるから、選挙のしくみとか投票のしかたについての授業。でも立候補できるのは25さい（※）からなんだって。

考えてみよう

子どもの権利と選挙

権利を守るという考えを生活のなかで実現するためには、国や自治体で法律（ルール）や制度（しくみ）をつくる必要があります。自治体ごとに制度をつくることができるので、子どもがくらしやすい自治体とそうでない自治体がでてきます。選挙で選ばれた人が制度をつくるので、子どものための政治をめざす人が選ばれれば、その自治体では子どもを守る制度づくりが進みます。18さいから選挙で投票できますが、立候補できるのは25さいからなので「子どものため」は後回しにされがちです。政治にとどきにくい子どもの声をきくために、こども基本法（32ページ）では子どもから直接、積極的に意見をきくしくみをつくらなければならないと決められています。

※参議院議員選挙に立候補できるのは30さいから

第 5 条　親の指導の尊重

国は子育てする親の考えを大切にして助けるよ

子どものいちばん身近な大人は、家族（保護者）です。お母さん、お父さん、それにかわる大人は、子どもの権利を理解して、年れいにあわせた言葉や方法で守らなければいけません。ですが、子どもの権利をじゅうぶんに理解せず、子どもの年れいにあったサポートができていない保護者もいます。そういうときは子どもコミッショナー（33ページ）のような人たちが調べる必要があります。「親の言うことが正しい」のではなく「子どもの権利を守っているときは保護者のやり方をじゃましないようにしよう」というのが「親の指導の尊重」です。

毎日3時間も勉強してる。明日は塾、明後日はバスケの練習。バスケでつかれても3時間勉強しないとおこられる。「社会はもっときびしいぞ」「あなたのため」だって。

用語解説

親権

親が子どもにとって必要な世話をして見守る権限のこと。2022年まで親権には懲戒権（子どもをしかる権限）がありました。子どもが自分やだれかを傷つけないためのものですが、子どもを好きにしていいとかんちがいしている大人もいました。子どもの意見をきかず勉強させるのはかんちがいです。子どもには休み、遊ぶ権利があります。親権は子どもを好きにしていい権利ではありません。▶第31条

「学校は行かなくていい」って親は言う。個性をつぶすからって。だから行ってない。コンビニで売ってるお菓子も食べちゃダメ。添加物がよくないからって。ゲームもスマホもだめ。それって、よいことだよね？

17

第6条　生きる権利・育つ権利

命が守られて
安心してくらせるように

わたしたちには「生きる権利」があります。生きるって、じつはあたり前のことではありません。食べるものがなかったり、病気や事故、事件、そして戦争で、毎日たくさんの人たちが死んでいます。ちゃんとごはんがある、あたたかな家や服がある、病気にかからないよう予防する、病気になったら治療をうける、子どもにぼう力をふるわない、戦争から守られる……子どもの生きる権利を守るために大人は努力をしなければなりません。

うちの親は、熱が出ても病院につれていってくれない。薬も飲ませてくれない。予防接種もうけたことがない。予防接種やお薬はからだに悪いんだって。

考えてみよう

内心の自由と子どもの権利

生きるうえで大切にする価値観が守られる「内心の自由」という権利があります（第14条）。病気のときに薬や病院にたよらずに治したいと考えるのも自由ですが、子どもは適切な治療をうける権利があります（第24条）。親の指導の尊重（第5条）を理由に必要な治療をうけさせないのはネグレクトというぎゃくたいになります。子どもは独立した存在で、親の思想や価値観から自由なのです。

寒いのに暖房つけてくれない。カーディガンを着ようとしたら「制服の上には何も着るな」ってしかられるし。しかも体調悪くても保健室には1日1回、1時間しかいちゃいけないルールなんだ。

考えてみよう

「死にたいくらいつらい」のはなぜ？

日本の子どもの自殺件数は年々ふえ、2022年には過去最高となりました。子どもたちの命は生きる権利で守られていますが、ぼう力をふるう大人、治療をうけさせない大人、健康を害するような校則などが、子どもたちの健康と命をおびやかしています。子どもの自死は、子どもの生きる権利を守らない大人の問題です。

第7条　名前・国籍をもつ権利

自分の名前をもって守ってくれる国に所属できるよ

この世界にはたくさんの国があります。それぞれが独立していて、それぞれに国民というメンバーがいます。日本という国のメンバーになると、日本国籍をもちます。国は、その国に所属している国民を守ります。その国で教育をうけたり、病気の治療をうけたり、もしほかの国で事件や災害にあったら助けてもらえたりします。大切なメンバーだからです。メンバーの資格である国籍がなければ、国から守ってもらえなくなります。国籍というメンバー登録には、名前が必要です。名前と国籍は、生まれたときにあたえられなければなりません。

用語解説

無国籍

国籍を決めるルールは国ごとにちがいます。日本ではお父さんとお母さんのどちらかが日本人であれば、日本国籍が手に入ります。しかし、日本人のお父さんと外国人のお母さんの場合は、結婚していることや、お父さんが自分の子どもだとみとめることが条件になります。また、戦争から逃げてきた親の子どもは国籍のない無国籍となることがあります。日本には100人を超える無国籍の子どもがいます。

わたしには外国人のお母さんしかいない。日本人のお父さんとは結婚していなかったんだって。だからわたしは学校に行くために特別な手続きが必要だし、マイナンバーカードやパスポートがつくれないんだ。

外国人の両親が行方不明になってしまった。わたしは施設でくらしながら学校に通ってる。わたしには国籍がないし名字もない。名字は国籍がないとつけられないから。わたし、存在していないみたい。

21

第8条　名前・国籍・家族関係を守る権利

名前や国籍、家族は「わたしらしさ」の一部だよ

アイデンティティ（わたしらしさ）を守るための権利です。わたしらしさを決めるものはいろいろです。どんな名前であるかは大切です。どんな国に守られていて、どんな文化のなかで育つのかも大切です。どんな家族のなかで育つのかも大切ですし、からだの特徴も大切なものです。子どもの最善の利益（第3条）が守られているかぎり、髪の色や肌の色などのからだの特徴、言葉、文化や風習など、アイデンティティをかたちづくっているものを無理に変えさせたり、軽んじたりしてはいけません。

わたしはお父さんが外国人で、お父さんのルーツの髪型をしている。それがわたしらしさだから。でも先生が「その髪型では卒業式に出席させない」って言ってきた。

考えてみよう
校則と子どもの権利

学校にはたくさんのルール（校則）があります。髪型や服をそろえる、行動をそろえる……バラバラだと事故がおきるかもしれない、どこの学校の生徒かわからなくなる、先生たちにはそんな不安があるようです。ですが、すべてのルールは、人権が守られるものでなければなりません。髪型を変えさせたり、その子らしさを消そうとしたりするのは、アイデンティティを守る権利に反しています。

わたしには両親がいない。おばあちゃんとおじいちゃん、おばさんといっしょに住んでる。おばさんはよくお母さんと間違えられて、「おばさんなの」と言うとみんなへんな顔をする。わたしの家族おかしいの？

考えてみよう
いろんな家族のかたち

家族にはいろんなかたちがあります。両親がいる、どちらかがいない、どちらもいない、実の親以外とくらしている……どんなかたちでも、子どもは守られなければなりません。そしてお父さんがふたりいる、お母さんがふたりいるなど、家族のかたちはさまざま。自分たちらしい家族のかたちを選ぶようになったからです。家族のかたちにも幸せのかたちにも、ふつうや正解はありません。

第 **9** 条 親からの分離禁止と分離する手続き

親と勝手に引きはなされない。
親が育てられないときは
はなれてくらせるよ

親といっしょに幸せにくらしたい。それは多くの子どもたちにとっての願いです。親も子どもも望んでいないのに、親子が引きはなされることはあってはなりません。ただし、いっしょにくらすことが子どもの幸せにならないときは別です。ぼう力をふるう、心を傷つける、きちんと世話ができない、そんな問題があるときは、子どもは親とはなれてくらすことになります。大切なのは子どもの最善の利益（第3条）です。

お父さんとお母さんが離婚した。わたしはお母さんとくらすことになって、月に2回お父さんと会ってる。でも本当はイヤ。お父さんはお母さんをたたいたり、ひどいことを言ったから。わたしにはいつも優しかったけど。

用語解説

面前DV

DVとは家庭内ぼう力のことです。夫婦やそれに近い親しい間がらでおきるぼう力です。なぐったりたたいたりなどのからだへのぼう力や、ひどいことを言うなどの心へのぼう力などがあります。子どもの前でもう一方の親にぼう力をふるうことを面前DVといい、子どもの心は深いダメージを負います。直接ぼう力をうけていなくても、子どもは被害者なのです。
▶第19条

両親が離婚した。どっちと住むか、はなれた親といつ、何回会うか、親たちが決めた。「あなたはどうしたい？」ってきかれたけど、いきなりのことで答えられなかった。どうせ親はもう決めてただろうし。

あなたを助ける制度

子どもの手続き代理人

離婚するときにはどちらの親とくらすか、子どもの意見をきいて決めなければいけません。しかし親どうしが話しあいをするのはむずかしいことがあります。決まらないときは裁判所が子どもの話をききますが、うまく意見を言えない子どももいます。そういうときは弁護士が子どもの手続き代理人になり、子どもの声をていねいにきいて裁判所や親に伝え、子どもの願いをかなえるために動きます。▶第12条

第10条　別々の国にいる親と会える権利

別の国でくらす親に会いにいけるよ

いろんな事情で別々の国でくらすことになった親子がいます。その国で戦争がおきていたり、政治が不安定だったりすると、親子はなかなか会えなくなってしまいます。どんな理由があっても、国は子どもが国境を越えて親に会えるように努力しなければなりません。

お父さんとお母さんは働くために日本にきて、わたしは日本で生まれた。でも両親は日本に長くいる資格をもってないからもとの国に戻されて、わたしは日本に残ることになった。このままふたりに会えないの？

用語解説

在留資格

その国の国籍をもたない人がその国でくらすための資格を在留資格といいます。在留資格がないともとの国に帰ることになりますが、子どもの権利の点から、日本で生まれた子どもは親が在留資格をもたなくても日本でくらせる特別な許可が出ることになりました。親と子どもは別の国でくらすことになっても会う権利、手紙や電話で連絡を取る権利があります。

住んでいた国で戦争がおきた。日本に逃げてこられたのはわたしときょうだいだけ。両親はいっしょに来られなかった。早く会いたい。

考えてみよう

最優先で守るものは？

戦争がおきると、子どもは戦争に巻きこまれないように守られなければなりません（第38条）。そのため子どもだけが国外に避難する場合がありますが、国と国とで話しあい、親子ができるだけ早く会えるようにしなければなりません。命が守られる権利のために親といっしょにくらす権利がいったん後回しにされてしまいますが、どのような権利も後回しにされたままではいけません。

第11条 他国に連れさられない権利

むりやり外国に連れていかれない。もとの国に戻ることができるよ

ちがう国の人たちどうしの結婚を国際結婚といいます。日本では毎年2万件の国際結婚がありますが、半数が離婚しています。文化や風習、法律がちがう国で生まれ育った人たちどうしで協力しあってくらすことはむずかしいことが多く、あいだに立つ子どもは苦しい思いをすることがあります。また、親が離婚すると、どちらの国で子どもを育てるかの話しあいがうまくいかなかったり、国と国とで法律がちがっていて子どもがふりまわされたりしてしまうこともあります。国の法律のちがいや親どうしの関係に子どもがふりまわされないために、外国に連れさられない権利があります。

考えてみよう

ふたつの権利

子どもには自分の国から連れさられない権利があります。そして親が離婚するときにどちらの親とくらすか、子どもの意見が大切にされ、いっしょにくらしたい親と引きはなされない権利もあります（第9条）。国際結婚からの離婚では、このふたつの権利がぶつかってしまうこともあります。子どもの意見をよくきいて、子どもの最善の利益を守ることが必要です。▶第12条

わたしは生まれも育ちも日本だけど、お母さんは外国人。両親が離婚することになって、わたしはお母さんとお母さんの国に行くことになった。お母さんといっしょがいいけど日本をはなれたくないな。

外国でくらしていたけれど、お母さんがわたしを日本に連れてきた。離婚するんだって。お父さんがわたしを連れ戻そうとしてるって、お母さんは警察に相談してる。

29

第12条 意見をあらわす権利

自分にかかわることに自由に意見を言えるよ

自分にかかわることが決められるとき、子どもは自由に意見を言い、その意見が何よりも大切にされる権利があります。これを意見表明権といいます。意見は「こう思う」「こうしたい」というものだけではありません。「いやだ」「したくない」「やめて」もりっぱな意見です。言葉にならないときや、どうしたらいいかわからないときには、だまって、YESを言わないことも意見表明です。

今日は日曜日で、家でのんびりマンガを読んですごそうと思ってた。なのに親がいきなり親せきの家に行くって言いだした。とうぜんわたしも行くらしい。わたしの予定はどうでもいいの？

考えてみよう
意見とワガママ

大人のなかには、子どもに意見表明権があると「ワガママ」になると考えている人がいます。子どもの意見をきき大切にすることは、子どもの言うとおりにすることではありません。たとえば家族の予定を決めるときは、親が子どもの予定をきく、子どもは自分の意見を言う。そして話しあって、いっしょに予定を決めていくのです。意見をきくとは、ちゃんとした話しあいがあるということです。

引っ越すことになった。いまの学校、友だちとはなれるのはイヤ。そう言ったら「近所のおばあちゃんの家から通いなさい」だって。それもイヤ。「イヤばかりじゃなくて意見を言いなさい」と言われたけど……。

考えてみよう
イヤだも大切な意見

わからない、イヤだ、どちらも大切な意見です。意見は、きちんとまとまった考えでなくてもいいんです。わからないから決められない、ほかの考えはないけどそれはイヤ、すべてが意見です。態度でしめしてもかまいません。言葉にできないときは、どうどうと「イヤだというのがわたしの意見」「わからないから、ちゃんとわかって意見が言えるまで待って」と言っていいんです。

あなたを助けるちしきとことば

こども基本法

「こども基本法」は、子どもの権利条約をうけてつくられた国内法です。いじめや不登校、自死など、子どもたちの苦しさが深刻になっているなかで、子どもたちの権利が守られ、しあわせにくらせることを目的にしています。権利条約にそって、「差別されない」「生活が守られる」「意見を表明し参加できる」などが書かれています。子どもを大切にする理念（基本的な考え）を表したもので、国や自治体が理念にそった制度をつくり、具体的なとりくみをすすめます。ちゃんととりくんでいるかチェックをしていくことが大切です。

日本の子どもの権利のあゆみ	1989年	国連が子どもの権利条約を採択
	1994年	日本が子どもの権利条約を批准
	1999年	児童買春・児童ポルノ禁止法成立
	2000年	児童虐待防止法成立
	2022年	こども基本法成立
	2023年	こども家庭庁発足
	2024年	日本が権利条約を批准して30年

子どもコミッショナー

子どもコミッショナー（子どもオンブズパーソン）は、子どもの権利が守られているかしらべ、守られていない場合はきちんと守るように意見する人です。大人の組織から独立しており、家や学校、そのほかの場所で、ぎゃくたいやいじめなどの苦しい思いをしている子どもの声をきき、弱い立場におかれて意見が言えない子どもの声を代弁します。日本でも子どもコミッショナーを国の機関として設置しようと話しあわれましたが、子どもの声をきくと「ワガママになる」と思いこんでいる大人たちが「まだはやい」と反対し、見送られました。

※2024年現在、30以上の自治体に設置されています。

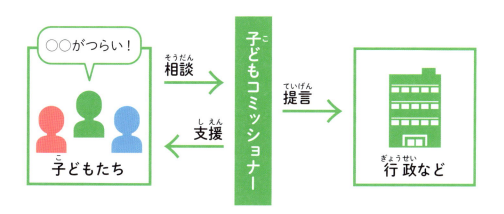

第13条　表現の自由

思ってること、伝えたいことを好きなやり方で表現できるよ

感じたことや考えたことを表現する方法はいろいろです。声に出して言葉で伝える、文章で書いて伝える。歌にしたり、絵にかいたりもできます。「おかしいな」「いやだな」「こうしてほしいな」というぎもんや願いを表現することで、世のなかはよりよくなります。ただし、表現の自由は、なんでも言いたい放題ではありません。だれかを傷つけること、差別すること、秘密を言いふらすこと、だれかを危険にさらすことは認められていません。表現の自由にはだれかの権利を侵がいしないという条件がついています。

宿題で作文を書いたら先生にほめられて、コンクールに出すことになった。でもコンクールに出された作文は、先生が「このほうが読みやすいから」って書きかえてた。

考えてみよう

表現にうまいもへたもない

すべての表現は、ありのままであることが大切です。学校の作文や、絵も、大切な表現です。子どもはまだ自分の考えや気持ちをじょうずに表現できないことがありますが、大人が勝手に変えることは、表現の自由の侵がい（守らないこと、やぶること）です。大人は、子どもが伝えたいことを伝えられるように「こうしたらどうかな」と意見することはできますが、勝手に変えることはできません。

友だちに「クラスメイトの女子でどの子がいちばんかわいいと思う？」ってきかれたから、いいなーって思ってる子の名前を伝えた。女子人気ランキングをつくるんだって。

考えてみよう

表現の自由と相手を傷つけること

肌や髪の色、目鼻立ちや身長などの見た目、性別、どんな国や地域に生まれたかなどについて、「好き」や「きらい」、「いいな」や「やだな」の意見を表すことは、だれかの名誉を傷つけ（第16条）、差別することになる（第2条）場合があります。表現する自由には「相手（特に自分より弱い立場にいる人）を傷つけないかどうか」のブレーキが必要です。

第14条　思想・良心・宗教の自由

なにを信じるか、どう考えるか、なにを大切にするかもわたしの自由

思想とは、自分の考えです。良心とは、なにをよいこととして大切にするかです。そして宗教とは、どんな神さまを信じるかです。それらはすべて、子どもたちが自分で選んで、自分で決められます。もちろん、子どもはまちがってしまうこともあります。大人がアドバイスすることは大切ですが、まちがってしまうからといって、大人が勝手に「これを信じなさい」「こう考えなさい」「これがよいことです」と決めてはいけません。

休みの日はいつも親の参加する集会につれていかれる。親が信じてる宗教の集会なんだけど、わたしは信じてない。でもわたしもその宗教のメンバーになってる。わたしも信じなきゃだめなの？

用語解説

宗教二世

特定の宗教を信じている親に育てられて、おなじ宗教を信仰しなければならなくなった子どもを宗教二世といいます。信じることで親によいことがあったとしても、子どもに押しつけることは、子どもの権利の侵がいです。親にも子どもにも信教の自由があります。親とおなじ宗教を信じない自由があり、いまは信じていても信じることをやめる自由もあります。宗教二世のための相談窓口もふえています。

わたしは学校に行っていない。親が行くなって言うから。学校は役に立たないし、よくないことを教えるから行かないほうがいいんだって。いまはホームスクーリングをしていて、親が勉強を教えてくれる。

用語解説

不登校と教育的ネグレクト

学校がつらくて行けない子がふえています。いじめや先生の教え方や校則がきつくて、行くと心もからだもしんどくなるときは、学校に行かないことを選んで健康を守ることが必要です。ですが、子どもが学校に行きたいと願っているのに、親が自分の都合や考えで学校に行かせないのは教育的ネグレクトというぎゃくたいです。すべての子どもには教育をうける権利があります。▶第28条

第15条 結社・集会の自由

自由に集まってグループをつくり意見を伝えることができるよ

子どもには自分の意見を表す権利があることは、〈第12条 意見を表す権利〉に書かれています。でも、ひとりだけで意見を表すのは、むずかしい場合があります。そういったときに、おなじ意見や考えをもっていたり、おなじことを目指している人たちが集まって、いろいろな意見を出しあい、グループになって声をあげることができます。

うちの学校には、置き勉禁止ってルールがある。毎日たくさんの教科書を持ち帰らなきゃいけないから、生徒会で置き勉運動をはじめた。そしたら先生は「そんなことをしてるひまがあれば勉強しろ」だって。

校則変えるぞ！ 髪型も靴下も自由にするぞ！ ってやる気満々で生徒会長に立候補した。みんな応援してくれて当選。でも生徒会の仕事は先生がつくった文書を総会で読むだけ。こんなんでいいの？

考えてみよう

生徒会・児童会

みなさんの学校にある生徒会や児童会。なんとなく代表や役員が選ばれて、行事で「代表あいさつ」をする、先生が決めたことをおこなう、そういうかたちだけの組織だと思われているかもしれません。ですが生徒会や児童会は、グループで子どもたちの意見を大人に伝えるという大切な役割があります。子どもが最初につかうことができる結社・集会の自由という権利、それが生徒会や児童会です。

第16条 プライバシー・通信・名誉の保護

わたしの秘密は
わたしのもの

友だちとのLINEのやりとり、鍵アカでつぶやいたＳＮＳの投稿、日記、手紙、読んでいる本、こっそりうちあけたないしょ話、どれもあなたの「プライバシー」です。プライバシーとは、秘密のことです。その秘密が勝手にのぞかれたり、言いふらされたりしない権利があります。知られたくないことを知られたり、言いふらされるといやな気持ちになります。かげ口を言われたり、うわさを流されたりして、まわりからの見られかたが変わってしまうかもしれません。それを「名誉が傷つく」といいます。あなたの秘密と名誉は、守られなければなりません。

Aちゃんからいやなことを言われたから仲良しのBちゃんに「Aちゃんむかつく」ってLINEした。次の日先生から、Aちゃんのかげ口を言ったかどうかきかれた。Bちゃんにしか送ってないのに、なんで？

考えてみよう

通信の保護とかげ口

メールやSNS、電話や手紙といったやりとり（通信）もプライバシーです。ただ、その内容がだれかの秘密や悪口だったら、だれかにとってのプライバシーを侵がいし、名誉をきずつけてしまうかもしれません。いやなことをされたらつい悪口を言ってしまいそうになりますが、ぐっとこらえて「こんなことをされていやだったんだけど……」と相談をすると、だれかの権利を侵がいするのをふせぐことができます。

親が勝手にスマホを見てた。写真もSNSアプリもチェックされてた。「やめてよ」って言ったら「まだ子どもなんだから」「あぶないこともあるから」って言われた。モヤる。

考えてみよう

プライバシーと守られる権利

プライバシーのかたまりであるスマホを親が勝手にのぞいてはいけません。ですが、不特定多数とつながれるスマホは危険なことにつながる道具でもあります。子どもは危険から守られる権利（第32条、第33条、第34条）があり、プライバシーを守ることで危険な目にあうことは望ましくありません。大切なのは、親子で話しあい、子どもといっしょにルールをつくることです。▶第3条

第17条 適切な情報へのアクセス

自分を助けてくれる情報にアクセスできるよ

子どもが自分で考えて意見を言うためには、自分を助けてくれる情報にアクセスして、知っていることをふやしていくことが必要です。そのための情報をインターネットや新聞、テレビなどから集めることができるのも、大切な権利です。しかしメディア（情報を伝えるもの）がいつも正しいとはかぎりませんし、とくにインターネットには有害な情報もあふれています。大人は子どもの権利を制限するのではなく、メディアが子どもに役に立つ情報を流すように働きかけて、子どもが安心して情報にアクセスできるようにしていくことが大切です。

親とけんかしたら、晩ごはんなしだった。ネッ友にぐちったら「それ毒親だよ」「ぎゃくたいだよ。うちに泊まりにおいでよ」って言われた。そうなのかな。泊まりに行ってもだいじょうぶかな。

考えてみよう

役立つ情報のさがしかた

家や学校がつらいときは、「いじめ＋相談」「ぎゃくたい＋相談」で検さくすると、国や自治体などの相談先がわかります。ですがSNSに「家出したい」と書きこむと、子どもを誘拐・搾取しようとする大人とつながってしまうことがあります。危険な情報を防ぐためには、「○○（困りごと）＋相談窓口」という言葉で検さくすると効果的です。

新型コロナで休校、ひまだとついSNS見ちゃう。「ワクチンはあぶない」って投稿があったから「ワクチンヤバい」で検さくしてみたらたくさんの人がそう言ってる。みんな言ってるってことは、本当にヤバい？

用語解説

エコーチェンバー

インターネットは世界中の情報にアクセスできますが、いろんな情報を調べているつもりで、似たような情報ばかりになることがあります。気づかないうちに、自分とおなじ考えの情報を選んでしまうからです。自分の声が大きくなってはね返るエコーのようであることからエコーチェンバー現象といいます。ちがう意見は見えなくなり、おなじ意見ばかりが「おすすめ」されるので、デマや差別がおきやすくなります。

第18条 親の責任

親は子どもを大切に 育てる責任があるよ

子どもがしあわせに育つためには、親やそれにかわる大人の力が必要です。両親がそろっている場合は、両親が力をあわせて子どもを育てます。お母さんしかいない、またはお父さんしかいない場合は、子育てが大変にならないように国や自治体が手助けします。両親どちらもいない、またはどちらともはなれている場合は、親にかわって子どもを守り育てる大人が必要です（第20条 家庭をうばわれた子どもの保護）。親やそれにかわる大人が子どもの権利をじゅうぶんに理解して子どもの最善の利益（第3条）を守れるよう国がサポートします。

わたしにはきょうだいが6人いる。いつも「お姉ちゃんだから」って言われて、きょうだいの世話と家事をして、自分のことはなんにもできない。先生は「お手伝いしてえらいね」ってほめてくれるけど……。

用語解説

ヤングケアラー

ヤングは若い、ケアラーは世話をする人という意味です。たとえばきょうだいの世話や家族の介ごをしていたり、アルバイト代を生活費にしている子どもたちのことです。大人は子どもの願いをきき、教育をうける権利（第28条）や休み遊ぶ権利（第31条）、経済的搾取からの保護（第32条）が守られているかしらべ、安心してケアラーの役割をてばなせるようサポートしなければいけません。

親が離婚して、ママは仕事をふやした。いっぱい働かないとお金が大変だからって。学童のおむかえも時間ギリギリだし夜いないこともある。ママには「あなたのため」って言われる。

あなたを助ける制度

ひとり親の支援

お母さんまたはお父さんがひとりで子育てをする家庭がふえています。国や自治体にはひとり親を助ける制度があります。お金を支援したり、家事をする人をはけんする制度などです。役所で手続きをする必要がありますが、いそがしいひとり親が役所に相談するのはむずかしいこともあります。学校や児童相談所（9ページ）は、子どもからの相談があれば手続きを助けてくれます。

第19条 ぼう力などからの保護

あらゆるぼう力から守られるよ

親など、身近な大人から子どもへのぼう力を児童ぎゃくたいといいます。先生からのぼう力は体罰といわれます。ぎゃくたいは、なぐる、ける、たたくといったからだへのぼう力だけではありません。ひどいことを言う、無視をするなども心へのぼう力です。ほったらかしにしたり食べものをあたえないのもぎゃくたいです。ぎゃくたいは「しつけ」を、体罰は「指導」を言いわけにおこなわれることが多いのですが、法律で禁止されており、どんな理由があってもダメです。ぎゃくたいをうけた子どもを守る組織が児童相談所（9ページ）で、電話で189を押せば24時間つながり、子どもからの相談をうけています。

お母さんはだいたいやさしい。でもお手伝いをサボると無視されたり、成績が下がると「次のテストで100点とるまで外出禁止」「1日5時間勉強しないと夕飯ぬき」って言われちゃう。

用語解説

児童ぎゃくたい

大きくわけて①身体的ぎゃくたい（なぐる、たたく、けるなど）、②性的ぎゃくたい（48ページ）、③ネグレクト（食事をあたえない、お風呂に入れない、ほったらかしにするなど）、④心理的ぎゃくたい（ひどいことを言う、無視する、きょうだいの間で差別をする、目の前でほかの家族にぼう力をふるうなど）があります。子どもをこわがらせ、つらい気持ちにさせる言葉や態度もぎゃくたいです。

お父さんからなぐられてることをスクールカウンセラーに話したら「ぜったいだれにも言わないよ」って言われた。なのに校長先生からよばれて、児童相談所にれんらくするって。だれにも言わないって約束したのに。

用語解説

ぎゃくたいの通報義務

ぎゃくたいを知ったり、うたがったりしたら、児童相談所や警察に通報しなければいけないと法律で決められています。子どもの意見をききながら進めることがのぞましいですが、命の危険があったり、性的ぎゃくたいのときは、すぐ通報することがあります。そのときも、なぜ通報したのかを知る権利が子どもにはあります。「ぜったいだれにも言わないよ」は無責任なことばです。

お父さんがおふろをのぞいてくる。すごくいやだ。きのうはいっしょに入ろうって言ってきた。はずかしいからイヤだって言ったら「家族なのにはずかしがるのはおかしい」って笑われた。わたしがおかしいの？

考えてみよう

性的ぎゃくたい、あなたはわるくない

からだのプライベートパーツ（水着でかくれる部分）を見られる、さわられる、写真にとられる、そのほか性的なことをむりやりされたり見せられたりするのを性的ぎゃくたいといいます。加害者のほとんどが親やきょうだいなど親しい人です。だからNOと言えなかったり「イヤだと思う自分がおかしい」と感じてしまいます。イヤだと感じるあなたはおかしくないし、わるくありません。

親せきのおじさんがからだにさわってくる。むね、ふともも、おしり、あちこち。すごくきもちわるいけど、おじさんは男でぼくも男の子。男どうしだから、これって「おかしい」ことじゃないよね。

考えてみよう

男の子も性的ぎゃくたいの被害にあう

性的ぎゃくたい被害者のほとんどが女の子ですが、男の子の被害もけっしてめずらしくありません。「男どうしだからこれはぎゃくたいじゃない」と思ってしまったり「被害にあうのは自分が弱いからだ」と自分をせめたり、まわりも「男の子が被害にあうわけない」と決めつけたり。男の子は被害にあっていることがなかなか言えずに苦しんでしまいます。

あなたを助けるちしきとことば

ぎゃくたいをうちあけたらどうなるの？

子どもがぎゃくたいを相談したり、だれかがぎゃくたいに気づくと、48時間以内に児童相談所の人や警察がやってきて子どもから話をききます。すぐに家からはなれたほうがいいと判断されたり、子どもが「帰りたくない」と言った場合は、警察署や児童相談所に行きます。子どもを守りながら家庭訪問をしたり保護者をよんで話をきき、家に帰ってもだいじょうぶかを判断します。帰れない・判断できない場合は一時保護所に行きます。保護中にさらにくわしくしらべ、家に帰るかどうかを決めます。家に帰らないほうがいいと判断されたら、児童養護施設などでくらすことになります。

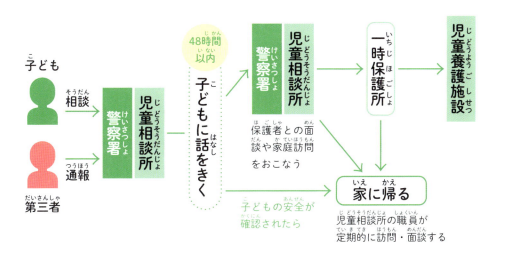

第20条 家庭をうばわれた子どもの保護

家族とくらせなくても安心して生活できるよ

ぎゃくたいをうけたり、親がいなくなってしまったり、親が犯罪をおかしてしまったり……いろいろな事情で家族とくらせなくなった、あるいは家族とくらさないほうが子どもの最善の利益（第3条）になるときは、子どもは家族からはなれてくらすことになります。どの場合でも、国は子どもたちに、家庭のかわりになるような、安心できる生活の場を用意しなければいけません。

わたしの両親はほんとうの親じゃない。ほんとうの親はわたしを育てられなくて、施設に入ったあとでこの家にきたから。でも、急にほんとうの親がわたしを引き取りたいって言ってきたんだって。どうなるの？

生まれたときからずっと施設でくらしてる。学校も施設から通ってる。施設のお兄さんもお姉さんも、高校を出たら働いてる。でもわたしは大学に行きたい。施設を出て大学に行くって、むずかしいのかな。

用語解説

社会的養護

親をたよれない子どもが家庭以外の場所で安心してくらすためのしくみです。施設養護と家庭養護があります。施設養護は児童養護施設や乳児院などで大人の職員に見守られ、ほかの子どもとくらします。家庭養護には養子縁組（第21条）と里親があります。里親は一時的にほかの大人があずかるしくみです。どこで・だれとくらすのかについて、子どもの意見が大切にされることがのぞまれています。
▶第12条

考えてみよう

機会の平等

どんな仕事につくか、どの学校に行くか、自由に選べない子どもたちがいます。家にお金がない、病気や障がいがあるなどがその理由です。ハンデがあっても、子どもたちの機会が守られるよう、さまざまなしくみがつくられています。大学や専門学校に進学したい子どもたちがお金の心配をしなくてすむような奨学金などです。施設に入っても大学に進学する権利は守られています。▶第25条

51

第 21 条　養子縁組

実の親といられないときは新しい親とくらすことができるよ

〈第20条 家庭をうばわれた子どもの保護〉で、社会的養護の説明をしました。施設でくらすほかに、里親や養子縁組といったべつの家庭でくらす方法があります。できるだけ家庭的な場所でくらすことが子どもにとってよいこととされているので、国は里親や養子縁組をふやそうとしています。養子縁組は、実の親以外の大人が、子どもの親になることです。法律のうえでも親子になります。親がかわることは、子どもにとって大きなできごとです。子どものしあわせを守ってくれる大人を選ぶために、「この人が親でだいじょうぶか」をしらべて、ていねいに決めていきます。

わたしは16さい。いま、妊娠してる。やっと親に相談できたときには、もうおなかの中で赤ちゃんは大きくなってた。産んでも育てる自信がない。そうしたら児童相談所の人がきて「特別養子縁組」を教えてくれた。

あなたを助ける制度

特別養子縁組

養子縁組には、普通養子縁組と特別養子縁組があります。普通養子縁組は実の親との親子関係はそのままで、新しい親が親権（17ページ）をもちます。特別養子縁組は、実の親との親子関係がなくなります。特別養子縁組は、ぎゃくたいなどで実の親と別れたほうがいい子どもを守るだけでなく、思いがけず妊娠してしまった女の子の生活と将来、赤ちゃんの命を守るためのしくみでもあります。

わたしの両親は本当の両親じゃない。実の親が育てられなかったから、養子になった。両親のことは好きだけど、産んでくれたお母さんに会いたいって思うこともある。両親はいやがるかな？

考えてみよう

出自を知る権利

自分のルーツを知ることは、アイデンティティを守る権利（第8条）につながります。生みの親を知りたいと願う人もいれば、知りたくない人もいます。育ての親やまわりの大人は子どもの決定を尊重し、サポートします。生みの親と育ての親と子どもとの間でどのような関係をつくるかは、子どもの最善の利益（第3条）にもとづいて考える必要があります。

53

第22条 難民の子どもの保護・援助

難民になっても
助けてもらえるよ

戦争や災害がおきたり、人種や宗教、政治的な意見のちがいで自分の国でくらせなくなったりしてほかの国に逃げると、「難民」になります。難民になっても、逃げた先の国できちんと守られ、家族とはなればなれになっている場合は会えるように、世界じゅうの国々が協力します。

用語解説

難民

戦争や災害、政治的な意見のちがいなどで、自分の国でくらせなくなり外国に逃げている人のこと。逃げた先の国は安全にくらせるよう支援しなければなりません。ですが日本ではたくさんの証拠を用意しないと難民としてみとめられず、日本から出ていくように言われてしまいます。さまざまな大人の事情から子どもを守るために、第22条があります。▶第8条 ▶第10条

わたしの両親は政治的な意見のちがいから、わたしが生まれた国にいられなくなって日本に逃げてきた。でもなかなか難民だとみとめられなくて、もとの国に帰らされてしまうかもしれない。だいじょうぶかな。

なかなか難民としてみとめてもらえないわたしたち家族。ほかの都道府県に移動できないし、働けない。わたしは高校に行きたいし大学にも行きたい。でもお金もないし移動もできないし、むりなのかな……。

第23条 障がいのある子どもの権利

障がいがあっても
いろんな活動に
参加できるよ

からだやこころに障がいがあっても、自分らしく、自分の好きなことや得意なことをのばすことができます。そのためには、「ほかの子とおなじ」環境ですごせることが大切です。ぎゃくに、ほかの子とはちがう、特別な環境が必要な場合もあります。大切なのは、その子にあった環境が選べることです。

わたしは小学2年生。いまのクラスのみんなが大好き。でも先生も親も「少人数の特別なクラスに行ったほうがいい」って言う。たしかに授業はむずかしくてそわそわしちゃうことも多いけど。

用語解説
インクルーシブ教育

インクルーシブは「つつみこむ」という意味です。性別や国籍、民族や人種、障がいや病気があるかどうかに関係なく、すべての人におなじ機会や環境を用意するという考えです。インクルーシブ教育とは、障がいや病気があっても、ほかの子たちとおなじ教室で授業がうけられるようにすること、そのための場所をととのえて支援する人をふやすことです。▶第28条

わたしはみんなとおなじことを、おなじスピードでやるのがつらい。いっぱい人がいる教室もつらい。でも親は「みんなとおなじ教室でおなじことをする」のが大切だって言う。それがわたしの権利なんだって。

用語解説
合理的配慮

インクルーシブ教育は「みんなおなじ」ではありません。それぞれのちがいを大切に、個性にあった学びかたをとりいれることです。たくさんの人がいる場所が苦手な子には、ほかの人が目に入らないつい立てやひとりになれる別室、少人数で学べる教室を用意します。みんなにおなじチャンスを実現するために、ひとりひとりに特別な支援をすることを「合理的配慮」といい、学校に義務づけられています。▶第2条

57

第24条 健康・医療への権利

病気やけがのときは
治療がうけられるよ

子どもが病気になったりけがをしたら、親や先生といった大人は必要な治療がうけられるように病院につれていったり、休ませたりします。親や先生の判断や考えで治療をうけさせないということは、あってはなりません。また、お金がなくて子どもが治療をうけられないことがないよう、国は医療保険の制度をととのえます。

真夏の部活動、ほとんど休憩がないから水も飲めない。暑くてあたまが痛くなった。先生は「少し休めばなおる」って言って保健室に行かせてくれない。「暑さをがまんできなきゃ試合に勝てないぞ」だって。

考えてみよう

大人が病院に行かせてくれないとき

学校では先生の判断で子どもに必要な治療をうけさせず、子どもに障がいがのこったり、命を落とす事件がたびたび起きています。また、親が子どもに必要な薬をのませなかったり、予防接種をうけさせなかったり、病院に行かせなかったりすることは医療ネグレクトというぎゃくたいにあたる可能性があります。児童相談所や子どもの権利委員会（102ページ）への相談が必要です。

学校で熱が出て、先生が親にれんらくした。先生は「感染症かもしれないから病院につれていってください」ってお願いしてたけど、親は病院につれてってくれなかった。「お金がかかる」からだって。

あなたを助ける制度

国民健康保険／子どもの医療／高額療養費

日本には国民健康保険（医療保険）の制度があります。働いている大人は毎月お金を払うかわりに、病院にかかったときに安くすみます。払うお金は収入によってちがい、収入のない人はすくなくなります。入院や手術のときは払う上限を決める高額療養費制度があります。子どもの医療費が無料になったり安くなる制度もあります。お金がないときでも医療をうけられるしくみがあります。
▶第26条

第25条　施設に入っている子どもの権利

施設で安心してくらせているか、ちゃんとしらべてもらえるよ

さまざまな理由により、家ではなく施設でくらしている子どもたちがいます。親といっしょにいることができず児童養護施設などでくらしている子ども、病院に入院している子ども、罪をおかしてしまい少年院などに入っている子どもたちが、きちんと守られてしあわせにくらせているかを、定期的にチェックする必要があります。

毎日親からたたかれてる。児童相談所に相談したら一時保護所に入ることになった。でも学校に行けない、スマホもゲームも没収、おしゃべりも禁止。しかもせまい部屋に大勢いる。つらいよ、もう出たいよ。

わたしは高校3年生。児童養護施設でくらしてる。希望の会社に就職が決まったんだけど、施設の先生から反対されて内定を断ることになった。その会社には寮がないから。先生は「ひとりぐらしはむり」って言うんだ。

用語解説

一時保護所

児童相談所に保護された子どもが家に帰るか施設でくらすかを決めるまですごす場所です。子どもたちが安全にくらすために学校に行けない、友だちに連絡できない、私物を持ちこめないなどさまざまなことが禁止されています。場所が知られて子どもが危険な目にあわないためのルールですが、子どもの権利が制限されすぎているため、ルールを変える動きがおきています。

考えてみよう

パターナリズムって？

強い立場にある人が、弱い立場にある人にかんすることを勝手に決めてしまうことです。児童養護施設では「ひとりぐらしはできない」「はやく自立するために大学に行かず働きなさい」など、施設を出たあとの進路を大人が決めてしまうことがあります。パターナリズムでコントロールしようとする人は「子どもが心配だから」を理由にしますが、大人の心配よりも子どもの権利が大切です。

あなたを助けるちしきとことば

社会的養護と進路選択

お金がなくても大学に進学できる給付型奨学金などの制度が整い、児童養護施設でくらしていても大学進学をあきらめなくていいことは、第20条と第25条で説明しました。しかし、制度ができても施設で働く人の意識がなかなか変わらず、「学費以外の生活費がかかる」「遠くでのひとりぐらしは心配」などと反対されることもあります。どんなに反対や心配をされたとしても、大学や専門学校を選ぶこと、働きたい会社で働くことは権利として守られています。生活費を支給する民間奨学金もあります。あきらめる必要はありません。

社会的養護をうけている学生を対象にした奨学金制度を探せるサイト
▶Miomus（ミオムス） https://www.miomus.net/

施設を出たらひとりなの？

たよれる身内がすくないと、ひとりぐらしはとてもむずかしいため、大人になってからも必要であれば施設でくらすことができます。それでも多くの子どもたちは、高校を卒業すると施設を出ます。遠くの学校に行きたい、別のまちで働きたい、そんな願いをかなえることも大切です。そのため、施設にいられる期間をながくするだけでなく、施設を出たあとでくらせる場所や、ひとりぐらしで困ったときに相談できる場所、ひとりぼっちにならないための居場所など、「アフターケア」がすこしずつ広がっています。

※具体的な取りくみは施設や事業所によってちがいます。

第26条　社会保障をうける権利

生活が苦しくなったら国が助けてくれるよ

食べるものや着るもの、学校で勉強するのに必要なものを買ったり、あたたかな家でくらすためには、お金が必要です。多くの子どもにとって、そのお金はお母さんやお父さんが働くことでもらっています。ですが、親が病気などで働けなくなってしまったり、仕事をやめさせられてしまったりなどの理由で、生きるためのお金が手に入らなくなってしまうことがあります。そういったときに困らないために助けてくれる制度が社会保障です。

親が病気になって、仕事に行けなくなった。朝ごはんもつくってくれなくなって、夕ごはんもなくなった。月曜から金曜は学校で給食が食べられるけど、土日はほとんど何も食べてない。もうすぐ夏休み、どうしよう。

あなたを助ける制度

生活保護

生活するお金が足りないぶんを国が出すしくみで、困ったときはだれでも使えます。インターネットで「市区町村＋生活保護」で検さくするとどこで申しこみできるかわかります。申しこみは「生活保護を申しこみます」と伝えるだけでよく、毎月必要なお金がうけとれます。生活保護が出るまで、食べ物がもらえたり生活費を貸してくれる制度もあります。▶108ページ

両親が離婚した。お母さんとくらすことになったけど、わたしときょうだいがいるから長い時間働けなくてお給料がすくないんだって。仕事ふやそうかなって言ってるけど、いっしょの時間がなくなったらやだな。

あなたを助ける制度

児童手当・児童扶養手当

離婚したあとで子どもとくらすのは、ほとんどの場合がお母さんです。女性のお給料は男性よりも低いことが多く、子どもの病気などで休むことがあるひとり親の女性が仕事を探すのはたいへんです。ひとり親がお金に困らないように助けるのが児童扶養手当（ひとり親手当）です。子育てするすべての家庭を助けるのが児童手当です。どちらも子どものために使われるお金です。

第27条　生活水準の確保

食べるものや着るもの、住まいに困ることなくくらせるよ

ごはんがきちんと食べられて、清けつな服をきて、お風呂に入って、安全な場所でくらせて、あたたかな布団で眠って、病気になったら病院に行ける。それらは、すべての子どもの権利です。日本では「健康で文化的な最低限度の生活」の水準があり、その水準に満たない生活をしている場合は国が助けなければいけません。

高校が終わるとアルバイトしてる。土日も。そうしないと家賃も電気代もはらえないから。親は借りたお金をかえすのにせいいっぱい。勉強する時間もない。わたしがバイトしないと食べるものもなくなっちゃうから。

わたしのごはんは、いつもない。用意されてるのは親と幼いきょうだいのぶんだけ。下着やシャンプー、薬も自分で買ってる。親には「アルバイトしてるんだから」って言われてる。

あなたを助ける制度

任意整理／個人再生／自己破産

収入がすくなくて生活水準がじゅうぶんでないときに助けてくれる制度については〈第26条 社会保障をうける権利〉で紹介しました。借りたお金を返すために、家賃や電気代をはらえず生活が苦しいときには、返す計画をたてなおしたり（任意整理）、返すお金をへらしたり（個人再生）、借りたお金をなしにする制度（自己破産）があります。弁護士などが手続きを手伝います。

考えてみよう

働いて親を助けるのは「えらい」？

食べるものや着るもの、薬という必要なものがある生活を守るのは親の責任です。子どもには経済的搾取から保護される権利（第32条）と休む権利（第31条）があります。子どもが働いて親を助ける必要はありません。ヤングケアラー(45ページ)のように、子どもが親を助けるのをまわりが「えらい」とほめることは危険です。親を助ける責任は国や自治体にあります。ほめる前に支援が必要です。

第28条　教育をうける権利

差別されず、
自分にあう方法で学べるよ

日本で学校に行けない、不登校の子どもは、どんどんふえています。学校に行けない理由はさまざまですが、いじめや体ばつ、子どもの権利を守らないルール（校則）などが原因で行けなくなることもあります。学校に行けなくなっても、自分にあったいろいろな方法で勉強を続けることができます。

わたしは学校に行っていない。いじめがつらかったから。ネッ友も学校に行ってないけど、フリースクールってところで勉強してるんだって。親に話したら、うちの近くにはフリースクールがないしお金もかかるってさ。

ひさしぶりにショートカットにした。スタイルは美容師さんにおまかせ。次の日学校に行ったら「ツーブロックだから校則違反だ」ってしかられた。また美容室で切ってもらったら坊主になって、みんなに笑われた。

あなたを助ける制度

フリースクールと教育支援センター（適応指導教室）

どちらも学校のかわりに学べる場所です。フリースクールはお金がかかり、ない地域もあります。教育支援センターは、教育委員会が学校に行けない子どもの勉強を支援する場所です。送り迎えが必要だったり、学校にもどることが目的にされていたり、通いにくい場合もあります。学校に行けないと教育をうける機会が限られてしまう問題をはやくなんとかしなければいけません。

考えてみよう

校則

小学校は服や髪がた、くつの色などは自由に選べることが多いですが、中学校は「校則」できびしく決められていることが多いです。髪の色や髪型、下着の色まで決められている学校もあります。先生もどうして必要なのかを説明できないルールがほとんどです。人権を侵がいする校則が理由で学校に行けなくなった子どもは1年間で5000人を超え、大きな問題になっています。

第29条　教育の目的

だれもが教育をうけて
自分の力をのばせるよ

この本は「子どもの権利」についての本です。世のなかがどのように成りたっているのか、どのようなことがおきているのか、それと（子どもの）権利はどのようなつながりがあるのかについて学ぶことは、生きていくうえで必要です。そしてわたしたちは、自分のよいところをのばす権利があります。その機会はすべての子どもたちに用意されなければなりません。もちろん、学ぶ場所（学校など）では、しっかり子どもの権利が守られていなければなりません。

いとこのお兄ちゃんは大学で歴史を勉強してる。わたしも歴史が大好き。だから大学に行きたいなーって言ったら、お母さんが「うちはお金がないからダメ」だって。あきらめなきゃだめ？

あなたを助ける制度

給付型奨学金（高等教育の修学支援新制度）

いまは高校を卒業する人の半分以上が大学に進学しますが、お金がないなどの理由で大学に行きたいのに行けない人たちもいます。お金があるかどうかでチャンスの有無が決まるのは、子どもの権利侵がいです。お金がなくても大学に行けるよう支援する給付型奨学金制度ができました。高校にいるときから予約申しこみができるので、先生に相談してみましょう。

道徳の授業で「困ってる人にはやさしくしてあげましょう」って習った。わたしも困ってる。ずっと座ってるのがつらくて、つい歩きまわっちゃう。でも先生は「みんなに迷惑がかかるからがまんしなさい」だって。

考えてみよう

道徳と人権

道徳の授業で「おもいやり」や「やさしさ」を勉強しますが、それだけでは人権（権利）は守られません。おもいやりもやさしさも、人の気持ちです。人権は気持ちに関係なく守られなければならないものです。人にやさしくできるかではなく、その人の権利が守られていることが大切です。障がいのある子への合理的配慮（57ページ）やジェンダー平等（11ページ）は、おもいやりではなく権利です。

71

第30条　少数民族・先住民の子どもの権利

少数民族や先住民の子どもは、それぞれの文化を大切にできるよ

多くの国には、少数民族・先住民とよばれる人たちがいます。少数民族は、その国の多数派とはちがう文化や歴史をもつ人たちです。先住民は、もともとその国に住んでいた人たちで、多くの場合、戦争や侵略（ほかの国や民族を力で支配しようとすること）をうけて少数派となってしまいました。日本にもアイヌ民族という先住民がいます。また、在日韓国・朝鮮人、外国にルーツのある子どもなど、日本にも多くの少数民族が住んでいます。

うちの親は外国人。日本語はちょっと話せるけど、読んだり書いたりはできないし、むずかしい会話はむり。だから学校のプリントを読んで書くのはわたし。親が病院に行くときはいっしょに行って通訳をしてる。

給食の時間がゆううつ。宗教的な理由で食べられないものがあるから。でもいまの先生は「残さず食べる」に熱心で、「アレルギーじゃないのに食べないのはワガママだ」って、いつもおこるんだ。

考えてみよう

外国にルーツのある子どもとヤングケアラー

外国にルーツがある子どもは親の日本語での会話を助けたり、学校や役所での手続きをかわりにおこなうなど、重すぎる責任をせおってヤングケアラー（45ページ）になってしまうことがあります。通訳をはけんしたり、かんたんな日本語で手続きができるようにするしくみが必要です。少数民族の言葉や文化を守ることも、日本語が使えるようになる手助けをすることも、どちらも大切です。▶第2条

用語解説

ハラールとコーシャ

宗教によっては食べてよいものが決められています。代表的なものはイスラム教のハラール、ユダヤ教のコーシャです。ハラールやコーシャの食材を売るお店もふえていますが、学校給食ではまだ対応できていません。かわりに食べられるものを用意したり、家からもってくることをみとめる必要があります。文化や宗教を大切にすることはわがままではなく権利です。▶第14条

第31条　休み、遊ぶ権利

休むことも遊ぶことも わたしたち子どもの権利！

子どもが成長するには、学ぶことや運動することだけではなく、休んだり遊んだりすることが必要です。ちゃんと寝る、なんにもせずぼーっとする、ごろごろだらだらする、そういう時間があることでつかれがとれ、また学んだり運動したりできるようになります。好きなことをおもいっきりする「遊び」の時間も、自分で自分のためにどうすごすかを決める大切な経験です。そして子どもの年れいにあった、その子の好きなことで遊ぶことが大切です。大人が子どもの遊ぶ時間をけずったり、なにで遊ぶかを決めてはいけません。

放課後はいつも日が暮れるまで部活の練習。土曜日も部活。そしていまは大会前だから、日曜日も部活。夏休みも部活部活塾部活。先生は「おれだって休んでない」って言うけど、だったらみんなで休もうよ。

考えてみよう
休日の部活動

休日に部活の練習があり子どもも先生も休めないことから ①練習時間を制限する ②土日のどちらかは休みにする ③土日のどちらも部活をしたら平日は休みにするというルールができました。先生の負担をへらすために、外部の人や団体が部活を指導する「地域移行」も進められています。しかし先生の負担をへらすこと＝子どもが休むことではありません。子どもが休むためのルールも必要です。

休み時間、わたしはひとりで本をよんだり絵をかいたり、ぼーっとしてるのが好き。でも先生は「みんなと外で遊ぼう」ってさそってくる。「ひとりはさみしいでしょ」って。さみしくないのに。ほっといてほしいよ。

考えてみよう
休み時間に休めてる？

休み時間は、文字どおり休む時間です。自分を休ませるためのすごし方はそれぞれちがいます。外で遊ぶのがよい子もいれば、ひとりで本をよむのがよい子や居眠りするのがよい子もいます。小学校では休み時間はみんなと遊ぶことをルールにしていたり、「なわとびの時間」「ダンスの時間」と決められていることもあります。ですが本来は休み時間は休む時間で、自分のために自由に使っていいんです。

第32条 経済的搾取・有害な労働からの保護

子どもを働かせない。
あぶない仕事もさせないよ

経済的搾取とは、大人が子どもを利用してお金をかせぐことです。日本では高校生になればアルバイトをすることができますし、高校に行かずに働いている子もいます。ですが、子どもが働いてかせいだお金を大人に利用されてはいけません。大人が子どもを働かせるために学校や遊ぶこと、休むことをあきらめさせてもいけません。そして長い時間休みなく働かせたり、けがや病気をするようなあぶない仕事をさせてはいけません。

考えてみよう

あぶないアルバイト

楽にお金がかせげる、そうさそってくるアルバイトがあります。「男の人(女の人)と会って話す」や「ものを受けとり運ぶ」などです。「会って話す」は性的搾取(80ページ)で、性犯罪の被害にあうことがあります。「ものを受けとり運ぶ」は、詐欺など犯罪の手伝いの可能性があります。家にお金がないのは、子どもであるあなたの責任ではありません。親などの大人が支援をうける必要があります。

バイト代はぜんぶ家に入れてる。そうしないとわたしもきょうだいもごはんが食べられないから。でもわたしだって、自分のほしいものを買いたい。そう言ったら友だちが「楽でいいバイトあるよ」って教えてくれた。

考えてみよう

「お金をかすよ」に要注意

「お金をかすよ」という大人は要注意です。次のバイト代から返したらバイト代が少なくなってまたかりて……返せなくなると「お金になるバイトがあるよ」と性的な仕事や犯罪の手伝いをさせられるかもしれません。女の子が男の人を相手にするお店(コンセプトカフェなど)はそういった搾取の入り口になっていることもあります。「お金をかすよ」という大人からはすぐに逃げてください。

カフェでバイトをはじめた。制服がかわいくて、お客さんはほとんどが男の人。お金に困ってるって店長に話したら、「次のバイト代で返せばいいよ」ってお金をかしてくれたんだけど、いいのかな?

77

第33条 麻薬・覚せい剤などからの保護

きけんな薬物から子どもを守らなければならないよ

麻薬や覚せい剤などの薬物は、いちど使うともっとほしくなり、なかなかやめられなくなってしまいます。薬物を買うためにお金がなくなってしまって、借金をしてしまったり、心が不安定になってまわりの人との関係がうまくいかなくなって、ひとりぼっちになり、ますます薬物がほしくなってしまいます。薬物はからだだけでなく、心や生活もこわしてしまいます。そういった薬物から子どもを守らなければなりません。そしてもし薬物を使ってしまったら、きちんと治療をうけて回復できるよう、サポートをうけられることが大切です。

学校で薬物乱用防止の授業があった。麻薬や覚せい剤がどんなに危険でこわいか、使ってからだがボロボロになっちゃった人の写真を見せながら説明してくれた。でも、そんなにこわいものを、どうして使っちゃうの？

考えてみよう
麻薬はこわい、だけでいいの？

薬物は使っているときはよい気分になれます。すこしでもよい気分になりたいくらいつらいときに人は薬物を使ってしまうことがあります。お金がなかったり、ひとりぼっちだったり、ぼう力をうけていたり。「薬物はこわい」「使う人は犯罪者」という教育では、苦しくて薬物を使ってしまいそうな人が「助けて」を言えなくなってしまいます。なぜ使いたくなってしまうのかへの理解が必要です。

受験勉強がたいへんでしんどい。もうぜんぶやめたいし、気持ちが落ちこんで死にたくなる。友だちに話したら「これ飲むと気分よくなるよ」って薬をくれた。薬局に売ってるかぜ薬だけどだいじょうぶかな？

考えてみよう
市販薬も危険

市販薬（薬局で買えるかぜ薬など）の乱用（使いすぎること）がふえています。市販薬には麻薬や覚せい剤と似た成分が少量ふくまれていて、たくさん飲むと気分がよくなったり、おちついたりします。薬にたよるのは、つらい気持ちをなんとかしたいからです。そのつらさを信頼できる人に相談してほしいと思います。相談をうけた人は、けっしてしからず、つらい気持ちをわかってあげてください。

第34条　性的搾取からの保護

子どもへの性ぼう力も性を利用したお金もうけもダメ！

性的搾取とは、子どもの性を自分のたのしみのために使ったり、利用してお金もうけをすることです。たとえば大人という立場を利用して子どものからだをさわったり、性的な関係をもとうとしたり、性ぼう力をふるうことは性的搾取です。子どものからだ、そして性的な写真や動画を使ってお金もうけをしようとするのも搾取です。たとえ子ども自身が「いやだ」と言わなくても、すべて犯罪で、わるいのは大人です。

▶82ページ（あなたをたすけるちしきとことば「同意ってなに？」）も見てみよう

用語解説

グルーミング

もともとは動物の「毛づくろい」を意味します。やさしくなでるように、やさしい言葉をかけ、立場を利用して信用させようとする行為です。「先生（親）がいけないことをするはずがない」と信じさせ、子どもが性的搾取をうけいれるようにしむけます。相手を信頼している子どもはNOと言えなくなることが多いので、性犯罪として罪に問うことがむずかしくなることもあります。

先生はしょっちゅうからだをさわってくる。頭をぽんぽんしたり、かたをさわったり。「かわいいよ」とも言ってくれる。先生はかっこいいしやさしいし人気者。それに先生だし、わるいことじゃないよね。

用語解説

リベンジポルノ

つきあっていたときにとった下着姿やはだかなどの写真が、別れたあとでSNSで拡散されたり、リベンジ（しかえし）に利用されること。写真をとったときは「いいよ」と同意しているので、被害にあった人が「あなたもわるい」と言われてしまうことがあります（二次被害といいます）。被害者はわるくありません。写真をとることへの同意は、「拡散していいよ」の同意ではないからです。

大学生の元カレに送った下着姿の写真、SNSで拡散されてた。別れるときに消してって言ったのに。しかもそれが先生にみつかって、呼びだされてしかられた。わたしがわるいの？

あなたを助けるちしきとことば

同意ってなに？

自分が「いいよ」なとき、相手も「いいよ」だとはかぎりません。自分がよくても相手は「イヤだ」かもしれないし、相手は「いいよ」でも自分はイヤなこともあります。「いいよ」「イヤだ」を、しっかり言葉で確認するのが「同意」です。相手も自分も「いいよ」ならだいじょうぶ。でも相手が「イヤだ」ならそれを大切にします。「いいよ」でも、相手がとちゅうで「イヤだ」になったら、すぐにやめます。彼氏や彼女ができたとき、「からだにさわる」や「キスをする」など、ちゃんと同意をとる・自分の「いいよ」「イヤだよ」を伝えることは、自分と相手を守るためにとても大切です。

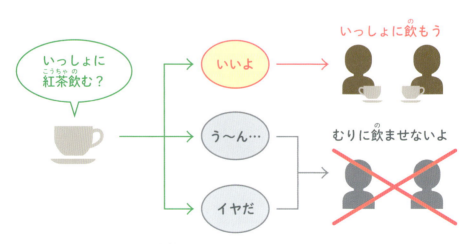

「いいよ」でも時間がたつと飲みたくなくなるかもしれません。そのときもむりに飲ませたりしません。

二次被害をうけてつらくなったら

つらいできごとがあったとき、「あなたにもわるいところがあった」などと言われ、責められてしまうことを「二次被害」といいます。いじめで「いじめられるほうにも原因がある」と言われる、性被害で服装や態度（NOと言えない、夜道をあるいていたなど）を理由に「あなたもわるい」と言われる、などです。二次被害をうけたら、カウンセラーや被害者支援の専門家など、二次被害の予防にくわしい人をたよりましょう。身近な人に理解してもらい、これ以上、被害にあわないように手助けをしてくれます。

- 逃げればよかったのに
- そんな服を着てるから
- なぜついて行ったの？
- 本当にあったことなの？
- なんで相談しなかったの？
- 早く忘れたほうがいいよ
- ゆるしてあげなよ
- いつまでも落ちこまないで

第35条 誘拐・売買からの保護

子どもはモノじゃない！誘拐したり、売ったり買ったりしてはダメ！

子どもを誘拐すること、モノとして人身売買することは犯罪です。「誘拐」や「人身売買」というと大きな事件のようですが、じつは日本でも、誘拐や人身売買のきけんはいたるところにあります。家にいるのがつらくて「家を出たい」と思っている子どもをねらっている大人がいます。お金をはらって子どもと性的な関係をもとうとする大人もいます。ＳＮＳが入り口になった被害、特に性的搾取（80ページ）の被害がふえています。

SNSでちょっとやりとりしていた男の人から「デートしてくれたらお金あげる。会って話すだけでいいよ」って連絡がきた。会って話すだけなら、いいよね？

考えてみよう

子どもを買う大人たち

たとえ会うだけでも、お金のやりとりがあれば、子どもをお金で買う人身売買です。多くの場合は会うだけでは終わらず、グルーミング（81ページ）して性的な関係をもとめてきます。お金を出して子どもと話そうとする大人はあなたを傷つけるヤバい人です。そういう人でもいいから一緒にいてほしいときは、困っていてつらいときです。あなたを傷つける人ではなく助けてくれる人に相談してください。

親からぼう力をふるわれてる。もう家にいたくない。「家出したい」ってSNSに書き込んだら、「うちにおいで」「泊まっていいよ」ってDMがいっぱいとどいた。泊めてもらおうかな。

考えてみよう

児童ぎゃくたいと誘拐

ぎゃくたいなどで家にいられない子に「うちにおいで」と声をかけるのは、ほとんどが子どもをねらった犯罪です。親切な気持ちからであっても保護者の同意がなければ誘拐になります。ほんとうに子どもを守ろうとする大人は警察や児童相談所に相談します。しかし警察や児童相談所が子どもを守れないと「うちにおいで」という大人をたよるしかなくなってしまい、子どもが被害にあってしまいます。

85

第36条 あらゆる搾取からの保護

大人の楽しみやお金もうけのために子どもが利用されるのはダメ！

自分の利益や楽しみのためにだれかを利用することを搾取といいます。これまでも経済的搾取（76ページ）や性的搾取（80ページ）について説明しました。搾取にはさまざまなかたちがあります。スポーツや勉強で成果をださせるために子どもにむりをさせること、子どもにむけた整形やダイエットの広告、親が信じている宗教を子どもにもおしつけること、これらも大人の都合で子どもの自由をうばう搾取だといえます。

ずっとアイドルになりたくて、ついにオーディションに合格！だけど1週間で5キロやせないとデビューできないって言われた。毎日水だけで、夜おそくまで練習してふらふら。でもみんなそうやってがんばってる。

考えてみよう

アイドルの低年れい化と搾取

低年れい化が進み10代の子どもたちが活やくするアイドル業界。キラキラした舞台のうらでは、健康にわるいダイエットや整形手術がおこなわれ、子どもたちが休み、遊ぶ権利（第31条）をうばわれて働いています。デビュー前にレッスン代としてお金をはらったり、レッスンにかかったお金をデビューしてからかえすのがアイドル育成のしくみです。アイドルの世界は搾取でなりたっています。

SNSでフォローしてるインフルエンサー、みんなめっちゃ細くてかわいい。インフルエンサーはがんばればきれいになれる！って言う。わたし、がんばってないのかな。動画でおすすめされてた整形とかしてみようかな。

考えてみよう

インフルエンサーとルッキズムと搾取

SNSですてきなメイクやファッションを紹介しているインフルエンサーは、よく「がんばればきれいになれる」と言います。この「がんばる」は、ほとんどがダイエットや整形手術のことです。インフルエンサーの中には、ダイエット食品会社や整形クリニックからお金をもらって宣伝している人がいます。きれいでやせていなければならないという「ルッキズム（外見至上主義）」を利用した搾取です。

第37条　拷問・死刑の禁止

わるいことをしても
人権は守られる

法律にいはんしたり、罪をおかすと、子どもでも警察につかまることがあります。その場合でも、とじこめられたり、どこにもれんらくさせてもらえなかったり、からだを傷つけられたりすることはありません。もちろん子どもであっても、罪をつぐなうことは必要ですが、大切なのは年れいにあったつぐない方です。子どもにはやりなおしのチャンスが必要です。そのチャンスをうばう死刑や終身刑（ずっと刑務所に入って出られないこと）は禁じられています。

第40条も見てみよう

万引きでつかまった。最初は親がよばれただけだったけど、2回目（つか、バレてないだけでほんとうは5回目）。もう警察よぶしかないって。どうなるんだろう。

いじわる言ってくる先生のことを同級生が「むかつくからぶっころす」って。ぶっころすはまずくない？って言ったら「子どもは少年法に守られてるから何してもいい」だって。守られるってそういうことなの？

あなたを助ける制度

少年法

少年がおこした刑事事件（少年事件）についての法律のこと。なにがわるかったのか、どうすればいいかを学び、やりなおすことを支援します。少年法は20さいまでは年れいによってちがう扱いをするように定められています。14さいになっていない子どもは罰はうけず、家庭あるいは施設で立ちなおりを支援（保護処分）されます。14さいから19さいまでは保護処分、場合によっては刑事罰をうけます。18・19さいは、重大な事件のばあいは重い刑罰（無期懲役や死刑など）をうけることもあります。子どもは「ほかに方法を知らない」ことで犯罪行為をおこなってしまったり、ストレスや病気・障がいによってぼう力やぬすみをしてしまうこともあります。少年法は子どもにあまいものではありません。子どもがやりなおせる世のなかのしくみをつくることを大人にきびしくもとめるものです。

あなたを助けるちしきとことば

逮捕されたらどうなるの？

「わるいことをしたら逮捕されて少年院に入る」というイメージがあるかもしれませんが、実際にはいろいろな手続きのなかで、どこでくらしながら立ちなおりの支援をうけるのがよいかが話しあわれます。逮捕されると警察署で取りしらべをうけます。そして自宅にもどるか、警察署内の留置場に入る（勾留）か、少年鑑別所で面接や検査をうけます（監護措置）。さらに家庭裁判所で、どこでどう支えるのがのぞましいかを決めていきます。少年院で支援をうける、保護観察をうけながら家でくらす、などです。決まるまで、ボランティアの補導委託先でくらし、支援をうけることもあります。

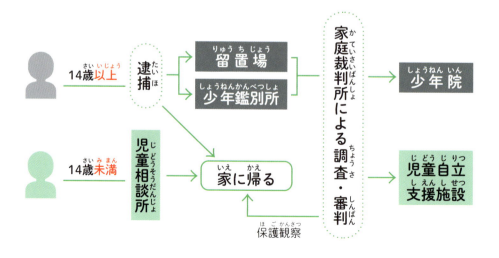

だれでもやりなおせる世のなかへ

少年事件で大切なのは「やりなおし」の支援です。施設に入るだけでなく、日常生活をおくり、いろいろな人とかかわり「なぜ罪をおかしたのか」「どうすればよかったのか」の答えをさがすのがよいとされます。罪をおかした人を地域で見守り立ちなおりを支える保護司や、学生などの若者が身近な「お兄さん」「お姉さん」として支えるBBSというボランティアがおり、身寄りがない少年のための家（更生保護施設）もあります。だれにも支えてもらえないと人は犯罪に手をそめてしまうことがあります。ひとりぼっちにならないこといつでもやりなおせること、このふたつが大切です。

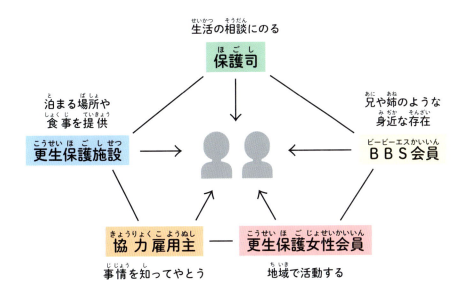

第38条　戦争からの保護

子どもは戦争から守られて戦わせられたりしないよ

戦争は、子どもの人権（生きる権利、育つ権利、守られる権利）をうばいます。それだけでなく、戦争をすることになるまでのあいだに、その国ではすでに子どもの人権がさまざまな場面で侵がいされているのです。

海外の少年兵のテレビをみた。家が貧しくて兵士になるしかなかったり、戦争で家族が死んで兵士になったりしたんだって。うちもひとり親で、お金がない。もし日本じゃなかったらわたしも戦争に行ってたかも。

「自衛隊に入りませんか」ってポスターをみた。自衛隊に入ると毎日ごはんが出るし、住むところも、お金ももらえるんだって。うちはお金がなくてちゃんと食べられないこともあるから、大きくなったら入ろうかな。

考えてみよう

子どもの人権と戦争

国が貧しくなると、戦争や紛争がおきやすくなります。国が貧しくなったとき、そのえいきょうをいちばんうけるのは子どもです。貧しさのために、戦争や紛争に兵士（少年兵）として参加することもあります。また、近くの国とのあいだで、または国内に政治的な意見の対立がある国では、国民をきびしく管理し、その管理のなかで子どもの人権が守られなくなっていきます。子どもが自由に意見を言えなくなったり、女の子が好きな生きかたを選べなくなったり、障がい者や性的マイノリティが差別されたりします。戦争は子どもの人権を侵がいするだけでなく、子どもの人権が侵がいされる世のなかの先に戦争があるのです。

第 **39** 条　被害にあった子どもの保護

からだや心を傷つけられたら、守られて、回復を助けてもらえるよ

ぎゃくたいや性被害、さまざまな搾取（86ページ）や戦争、そして体罰やいじめ……からだだけでなく心を傷つけるさまざまな被害にあったとき、きちんと回復できるよう大人は子どもをサポートしなければいけません。サポートの中身はいろいろです。病院で治療をうける、専門家へ相談して心のケアをうける、そしてなにより「ここはだいじょうぶ」という、安全な環境で子どもを守ることが必要です。「ここではだれもわたしを傷つけない」という安心が、なによりも回復を支えます。

朝、電車でちかんにあった。こわくてきもちわるくて、声が出せなかった。学校について先生に話したら「どうして警察よばなかったの？」って言われた。どうしてだろう。こわいし、かなしいし、くやしい。

用語解説

5つのF

自分を守るために無意識にとる5つの行動のこと。相手をしげきしないようにせっする「フレンド」、相手と戦って自分を守る「ファイト」、にげる「フライト」、からだがかたまってしまう「フリーズ」、そしてこれ以上ひどいことをされないよう、相手の言うなりになる「フロップ」。にげたり戦ったりできないとなにもしなかったとごかいされますが、すべて自分を守るための反応です。

夏休み、友だちとプリクラを撮ってたら知らない男の人がきて、からだにさわろうとしてきた。こわくなって逃げて警備員さんに話したら「肌がみえる服をきてるからだよ」って言われた。わたしたちがわるいの？

用語解説

二次被害

被害にあった人が「あなたもわるい」「どうしていやだって言わなかったの？」と責められることを二次被害といいます。とくに性被害では警察や身近な家族・友だちから二次被害をうけることもあります。二次被害／二次加害をふせぐには、同意（82ページ）と5つのFを理解することが必要です。これは被害にあった人が「わたしはわるくない！」と自分を信じて守るためにも大切なことです。

95

あなたを助けるちしきとことば

自分の心を守るバウンダリー

からだがケガをするように、わたしたちの心も傷つきます。わたしたちの心を傷つけるのは、だれかの言葉やおこないです。ひどいことを言われたり、されたりすると、心が傷ついておちこんだり、人がこわくなったり、ねむれなくなったり、消えてしまいたくなります。わたしたちの心を守るのがバウンダリーです。バウンダリーは「わたしはわたし」「あなたはあなた」という心の境界線です。ひどいことを言われたりされたりしたときは、「わたしはわたし」「わたしはだれからもひどいことをされていい存在ではない」というバウンダリーが、傷を軽くしてくれます。

バウンダリーがあるとひどい言葉・行動から守られるよ

トラウマってなんだろう？

トラウマは「ケガ」を意味する言葉です。からだがケガをするように、心もケガをして傷つきます。からだへのぼう力、性的なぼう力、心が苦しくなるようなぼう力など、自分ひとりでは乗りこえられないような苦しい経験をすると、あとからくり返しそのつらい体験がよみがえるような症状がでてきて、学校生活、家庭生活、友人関係などが苦しくなってきます。「苦しいのはトラウマのせい？」と思ったときは専門家（カウンセラーや精神科医）の支援が必要です。トラウマを治療する方法はいくつかあり、日本でも専門家がふえてきています。

トラウマがあると心・からだ・人間関係が苦しくなるよ

第 40 条 子どもに関する司法

わるいことをしてしまってもやりなおしのチャンスがあるよ

〈第37条 拷問・死刑の禁止〉でも説明されているように、子どもが加害者になった犯罪は、大人とはちがう法律（少年法）でさばかれます。子どもの場合は、罰をあたえることよりもやりなおしを支えることが大切だからです。加害者になっても、子どもの人権はきちんと守られます。

先生の見てないところでずっと悪口を言ってきたあいつ。がまんしてたけど、今日とうとうやりかえしてぼこぼこにした。そしたら家に警察がきた。あいつの親が通報したらしい。おれ、わるくないよね？

同級生の財布からお金をぬすんじゃった。うちにはお金がなくてたくさんがまんしてきたから、つい。先生にバレて「どんな理由があっても犯罪は犯罪だ！」ってしかられた。自分がわるいのはわかってるけど苦しいよ。

考えてみよう

「しかえし」はしてもいいの？

悪口を言われたりぼう力をうけることは、人権の侵がいです。あなたの人権を侵がいした人におなじことをしたら、あなたも加害者になります。しかえしをゆるすと、どこまでも傷つけあうことになります。自分が傷つけられたら、「いやだ」「やめろ」と言ったり、身近な大人や相談窓口（106ページ）に相談してみましょう。だれかの人権を侵がいして、加害者になってしまうことをふせげます。子どもを守り、やりなおしのチャンスをあたえるために、子どものための司法があります。

第41条 既存の権利の確保

子どもの権利条約よりも よい法律があれば そちらを使おう

日本には、そして世界じゅうのさまざまな国には、子どもを守るための法律があります。子どもの権利条約よりもてあつく子どもを守るものなら、そちらが優先されます。日本には日本国憲法があり、基本的人権や戦争の放棄についてかかれています。どちらも、子どもの権利を守るとても大切な条文です。

考えてみよう

法律は変えられる

日本の法律はもっとよいものにしようという動きで変えられてきました。かつて民法という法律には、親は子どもに「しつけ」をしていいという懲戒権がありましたが、ぎゃくたいや体罰の原因だと批判されて2022年になくなりました。ほかにも「日本には子どものためだけの法律や組織がない」という国連の意見をうけ、こども基本法（32ページ）やこども家庭庁ができました。それでも、日本の子どもの権利はじゅうぶんに守られていません。子どもの声をきいて法律をつくるしくみが必要です。

▶第9条、第43条、第44条、第45条

第42条 条約広報義務

大人も子どもも子どもの権利について知ることができるよ

権利を守る・守られるためには、「権利（人権）とはなにか」をちゃんと理解していることが大切です。子どもはそれぞれの年れいにあった言葉でしっかり理解できるように、説明をうける権利があります。そしてもちろん大人も、子どもの権利を侵がいしてしまわないように、子どもの権利について理解する必要があります。子どもと大人それぞれに、子どもの権利を理解するための機会や資料がゆきわたっていなければいけません。

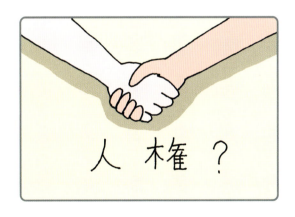

考えてみよう

実は大人もよく知らない人権

「人権ってなに？」と大人にきいてみたことがありますか？ たとえばいじめは、人権の問題です。「おもいやり」や「やさしさ」ではふせげません。悪気はなくても相手にとってひどいことを言ったりしてしまうこともあります。いじめをふせぐには、「守られる権利」を理解することが大切です。なにが人権の侵がいかを理解し、自分と相手の人権を守るための行動を選ぶことです。「おもいやり」「やさしさ」ばかりで「権利」という言葉をつかわない大人は要注意です。

第43条 子どもの権利委員会の設置

子どもの権利が守られているか委員会でしっかり見守るよ

条約をつくっても、きちんと守られていないと意味がありません。国際連合（世界の平和のために国どうしが話しあう組織。国連）には子どもの権利委員会があり、条約に署名（サイン）した国で子どもの権利が守られているか調査し、助言をおこないます。

あなたを助ける制度

日本の子どもの権利委員会

日本には、子どもの権利を守るために、子どもの声をきく独立した組織がまだありません。ですが、弁護士会や一部の自治体では、子どもの相談をうけて問題解決をおこなうための子どもの権利委員会を設置しています。学校にスクールロイヤーをはけんしたり、子どもシェルターを運営しているところもあります。インターネットで「弁護士会＋子どもの人権＋相談＋住んでる都道府県」で検さくすると、相談先をさがせます。

第44条 締約国の報告義務
第45条 委員会の作業方法

ちゃんと報告、しっかり調査。子どもの権利侵がいを見のがさないよ

自分の国で子どもの権利が守られているか、国は国連子どもの権利委員会に報告しなければいけません。報告をうけて、国連子どもの権利委員会は、それぞれの国で子どもの権利が守られているか、専門団体に協力してもらってしらべ、なおすところがあれば国に意見（提案と勧告）します。

解説

日本の報告と委員会からの勧告

日本は国連子どもの権利委員会から、子どもの権利が守られていないと「ダメ出し」されたことがあります。子ども専用の法律がないこと、子どもの権利が守られているかチェックする組織がないこと、少数民族／性的マイノリティ／障がいのある子どもが差別されていること、子どもの性的搾取が多いこと……。こども基本法（32ページ）ができ、子どもの権利を守ろうとする動きはすこしずつ進んでいますが、「子どもの意見をきくとワガママになる」と反対する大人もいて、動きはとてもゆっくりになってしまっています。

103

あなたを助けるちしきとことば

支援をうけるのははずかしい？

「自分のことは自分でなんとかしなさい」と言われたことはありませんか？　あるいは困ったときに相談したらしかられてしまったり、相談しなかったら「なんで相談しなかったの？」とおこられたり……そうやって、いつのまにか相談することが苦手になってしまいます。そして「自分のことは自分でなんとかしなさい」と言われつづけると、だれかに助けてもらうことを「はずかしい」と思うようになってしまいます。ですが、だれかに相談して力を借りるのも「自分でなんとかする」ことです。それを「自分で決める」からです。支援をうけることははずかしいことではありません。

バウンダリー

トラウマで心が傷つくと「わたしはわたし」のバウンダリーがゆらいでだれかに助けてもらうことがはずかしいと思ってしまうよ。
→96・97ページ

どこに相談したらいいかわからないとき

困っているけどどこに相談していいかわからない。そうなると、もともとの困りごとに「どこに相談したらいいかわからない」がつみかさなって苦しくなります。相談先をインターネットで検さくするコツは43ページ（第17条）にも書きました。ですが、いくつもの困りごとがかさなると、ひとつのキーワードを選ぶことはむずかしいものです。そういうときは、複数のキーワードから相談先を検さくできるサイトが役立ちます（この本の最後にもあります）。また、学校にいるスクールソーシャルワーカーは、相談先をさがす達人です。相談先がわからないときは頼ってみてください。

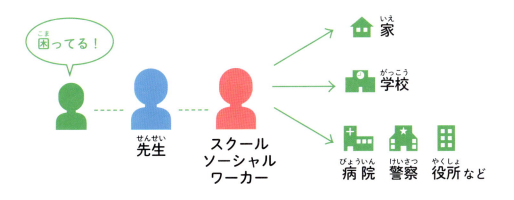

困りごとをとりまく環境に働きかけるよ。
学校に来る日が決まっていることが多いので
先生にいつ来るかをきいてみよう。

あなたを助ける相談先

児童相談所ぎゃくたい対応ダイヤル 189

ぎゃくたいにかんする通報や相談をすることができます。名前を名乗らなくても相談できます。つながるまでに少し時間がかかるので、緊急のときは110番で警察に連絡する方がよい場合もあります。各市区町村の警察署の生活安全課も相談、通報の窓口になってくれます。

でんわ 189（24時間受付）

こどもの人権110番（法務省）

いじめや体ばつ、ぎゃくたいなど人権問題をあつかう相談窓口です。いじめや体ばつなど学校での人権侵がいや家庭内のぎゃくたいを調査、支援する調査救済制度もあります。

でんわ 0120-007-110（月～金曜の8時30分～17時15分）

HP https://www.moj.go.jp/JINKEN/jinken112.html

都道府県弁護士会

親が離婚するとき、子ども自身の意見を表明できる子どもの手続き代理人制度の窓口です。ぎゃくたいや、いじめなどの人権侵がいについても弁護士が力になってくれます。

HP https://www.nichibenren.or.jp/legal_advice/search/other/child.html

デートDV110番（認定NPO法人エンパワメントかながわ）

交際相手からのぼう力や性ぼう力についての相談窓口で、全国どの都道府県からでも電話やチャットで相談できます。名乗らなくても相談でき、本人以外からの相談もできます。

でんわ 050-3204-0404（年末年始をのぞく月曜～土曜の19時～21時）

HP https://ddv110.org/

性犯罪・性ぼう力被害者のためのワンストップ支援センター（内閣府）

性犯罪・性ぼう力にあったときに相談でき、近くのセンターで支援がうけられます。

でんわ #8891

HP https://www.gender.go.jp/policy/no_violence/seibouryoku/consult.html

配偶者ぼう力相談支援センター

配偶者や付きあっている人からのぼう力について、電話やメール、チャットで相談し、近くのセンターで支援をうけることができます。

でんわ #8008

HP https://www.gender.go.jp/policy/no_violence/e-vaw/soudankikan/01.html

DV相談＋（内閣府）

配偶者や付きあっている人からのぼう力について、電話やメール、チャットで相談できます。

☎ 0120-279-889（24時間受付）
HP https://soudanplus.jp

Cure time（内閣府）

性ぼう力の被害だけでなく、性についてのいろいろな悩みや疑問についてメールやチャットで相談できます。性別を問わず、名前を言わなくても相談可能で、チャットは10の外国語に対応しています。

HP https://curetime.jp/

にんしんSOS（一般社団法人 全国妊娠SOSネットワーク）

予期しない妊娠、望まない妊娠の悩みをきき、支援してくれます。にんしんSOSの相談窓口がない自治体では、保健センターの保健師さんが支援してくれます。

HP https://zenninnet-sos.org/

あなたはひとりじゃない（内閣府孤独・孤立対策推進室）

困ったときに利用できる相談窓口や支援制度が探せるサイトです。質問に答えることでそれぞれの悩みにあった相談先を教えてくれます。相談先に迷ったらまず利用してみてください。

HP https://www.notalone-cas.go.jp/

まもろうよ こころ（厚生労働省）

こころの悩みや不安、つらさをきいてくれる相談先が探せます。電話とSNS、それぞれの方法で相談できる窓口が探せます。

HP https://www.mhlw.go.jp/mamorouyokokoro/

Mex 10代のためのサイト（認定NPO法人 3 keys）

10代のさまざまな相談にのってくれる相談先を、悩みの内容や住所から探すことができるサイトです。

HP https://me-x.jp/

子ども情報ステーション（ぷるすあるは）

精神の疾患や心の不調などをかかえた家族とくらす子どものさまざまな悩みを支援するサイトです。子どもが自分でアクセスできる相談窓口が紹介されています。

HP https://kidsinfost.net/

あなたを助ける支援制度

日本にある支援制度は、大人が困ったときに使えるものがほとんどです。親が利用することで自分の困りごとが減るかもしれない制度、また将来あなたが大人になって困ったときに知っておいてほしい制度をまとめました。自治体によっては行っていない制度があったり、制度によっては条件があったりするため、まずは窓口（相談や申しこみができるところ）をしらべて問いあわせてみてください（「制度の名前＋住んでいる市区町村または都道府県」でしらべることができます）。問いあわせるのがむずかしい、不安な場合は、スクールソーシャルワーカーがお手伝いしてくれます。

お金に困ったときに使える制度

・生活保護：お金に困ったときに、生活費や家賃、医療費などを助けてくれます。お金に困った理由は関係ありません。「申しこみます」と言う、または紙に書いて渡せば必ずうけつけてもらえます。

・生活福祉資金：生活に必要なお金をかりることができます。

・生活困窮者自立支援制度：お金がない、仕事がない、住む場所がないなど、生活に困ったときの相談全般をうけつけています。

住まいに困ったときに使える制度

・住宅確保給付金：家賃のサポートがうけられます。

病院で治療をうけることを助けてくれる制度

・医療保険制度：毎月保険料を払うかわりに、通院や入院の費用、薬代の負担が軽くなる制度です。保険料を払っている証明書として保険証が発行されます。失業などで親が保険に入っていなくても、18歳以下の子どもは国民健康保険証が発行され、医療をうけることができます。また、親が保険料を払えなくなったなどで保険証が使えなくなった場合には、自治体に「短期被保険者証」を発行してもらうことができます。

・高額療養費制度：医療費や薬代が毎月一定額を超えた分を支給する制度です。窓口は加入している医療保険です（保険証に書かれています）。

・子ども医療助成制度 ※ほかの名前の場合もあります：子どもの医療費や薬代の全額または一部が無料になる制度です。窓口は住んでいる市区町村の「子育て」に関係する課です。

・ひとり親家庭医療費助成制度：ひとり親の医療費の一部を助けてくれる制度です。

・無料低額診療事業：お金がなくて医療費の支払いがむずかしいときに、無料または低額で病院にかかれます。

・自立支援医療：障がいのある人が病院にかかるときの医療費を支援する制度です。窓口は住んでいる自治体の「障がい福祉」に関係する課です。通院先の病院でも相談にのってくれます。

教育をうけることを助けてくれる制度

・高等教育の修学支援新制度：大学や短期大学、専門学校などの授業料や、学生の生活費を助けてくれる奨学金です。高校の先生や大学などの事務室にたずねると申しこみ方法を教えてくれます。

ぼう力をうけているときに助けてくれる制度

・**児童相談所**：ぎゃくたいをうけているときにSOSを出せます。電話は189です。

・**一時保護施設**：配偶者や付きあっている人からぼう力をうけている人が一時的に避難できる施設です。窓口は警察や福祉事務所、配偶者ぼう力相談支援センター（106ページ）です。

・**母子生活支援施設／婦人保護施設**：配偶者や付きあっている人、家族からのぼう力やそのほかの困りごとを抱えた女性が避難でき、相談支援をうけられる施設です。母子生活支援施設は子どものいる女性、婦人保護施設は子どもがいない女性が利用できます。

家族のケアで困ったときに助けてくれる制度

・**介護保険サービス**：高齢者など介護が必要な人の日常生活をサポートします。自宅でうけられる支援と介護施設などに入ってうける支援があります。

・**居宅介護（ホームヘルパー）事業**：障がいをもつ人の家事のサポートや介護を行います。

・**ショートステイ（短期入所）事業**：病気などの理由で家族が介護をすることができなくなったときに、障害のある人が短期間施設に入ってさまざまな支援がうけられます。

そのほかの子育てをたすける制度

・**児童扶養手当**：ひとりで子どもを育てている親の生活費を支援する制度です。窓口は住んでいる市区町村の「子育て」に関係する課です。

・**特別児童扶養手当**：障がいのある子どもを育てている親にお金を支援する制度です。窓口は住んでいる市区町村の「子育て」に関係する課です。

・**子どもショートステイ事業** ※ほかの名前の場合があります：病気や仕事、子育てでつかれたときなどに、一時的に子どもを預かってくれます。短期入所生活援助（ショートステイ）と夜間養護等事業（トワイライトステイ）があります。

・**産前産後家事・育児支援サービス** ※ほかの名前の場合があります：出産する前と後に、家事（掃除や洗濯、食事づくり、買い物など）や育児（おむつ交換やミルクをあげるなど）をサポートします。

・**養育支援ホームヘルパー** ※ほかの名前の場合があります：子育てをしている家庭の家事をサポートします。ひとり親のみなど、条件がある場合もあります。

・**ファミリーサポート事業**：親が忙しかったり体調がわるかったりするときに、子育てをサポートします。保育園などへの送り迎えや放課後の見守り、一時預かりなどがあります。

そのほかの法律や権利擁護に関する制度

・**法テラス（民事法律扶助）**：無料で専門家（弁護士、司法書士など）の法律相談をうけられます。

・**DV等被害者法律相談援助事業**：DVやストーカー、児童ぎゃくたいについて、弁護士などの専門家に無料または低額で相談できます。

・**子どもの手続き代理人**：両親の離婚についての調停などで、弁護士が子どもの代理人になり、子どもの意見を伝え、子どもが手続きに参加できるようにします。窓口は住んでいる都道府県の弁護士会です（106ページ）。

・**人権救済制度（法務省）**：いじめや差別など、人権侵がいをうけたときに相談でき、解決を支援してくれます。窓口は法務局です。インターネットや電話でも相談できます。

この本を読む大人の方へ

　ある小学校で「人権教育」の授業を見学する機会がありました。先生を務める地域の人権擁護委員さんが「いじめを防ぐのは見逃さない勇気です！」とお話しされるのをきいて、私はずっこけそうになりました。

　いじめは、権利（人権）侵害です。いじめによって、時に健康や命が脅かされ、教育を受ける権利が侵害されることになります。差別されない権利や名誉が守られる権利も侵害されます。ですが、いじめが権利侵害であるという視点は、なかなか共有できていません。そのため「見逃さない勇気」や「みんな仲良く」などの的外れな指導が行われています。勇気や思いやり、優しさは、人権とは関係ありません。仲良くできなくてもいじめはNO、勇気があってもなくてもいじめはNOなのです。思いやりややさしさは、道徳の話です。道徳は、人の気持ちに左右される、あいまいなものです。権利はすべての人が生まれながらに持っているもので、誰からも奪われてはならないものです。気持ちや人格は関係ありません。

　権利侵害であるいじめを防ぐために必要なのは、まず権利とは何かという教育です。しかし私たち大人は、子どもにそういった教育ができるほど、権利について深く理解していません。私たち自身も、子どものころに権利を侵害され、それが当たり前だと思い込まされて、権利とは何かということを学び知る機会を持てずにきたからです。権利を守られてこなかった私たち大人が、子どもの権利を守る行動を選択できるようになるのは、なかなか難しいことです。また、「子どもの権利を守ろう」というと、何か特別なことをしなければならないと思いがちです。大切なのは、まず、日々の生活の中で「害になることをやめる」ことです。

容姿や体型にコメントしない
女の子だから・男の子だからと性差で役割を決めない

不必要に、無断で身体に触れない

趣味や予定を押しつけない

秘密を持つことを禁じない

苦労自慢や我慢自慢をしない（自分の価値観を押しつけない）

取引（「〇〇したいなら△△しなさい」など）をしない

約束を破らない

イライラを態度に出さない

話をきくまえに決めつけない

　私たちは意図せず、意識せずに日常的に子どもの権利を侵害しています。まず「害になることをやめる」ことからはじめてほしいと思います。

　この本が、権利を守られなかった私たち大人が、自分たちがいかに守られなかったかに気づく契機になればと願います。私たちは守られませんでした。その事実を受け入れるのは、苦しいことです。そのため、私たちはつい価値や意味をもたせてしまいます。例えば「体罰のおかげで成長できた」「校則は厳しかったけれど必要だった」などです。そういった意味づけをぐっと踏みとどまることも、子どもの権利を守ることにつながります。私たちがかつて「苦しいな」「嫌だな」と感じたことを、ただ苦しい、嫌な記憶として自分の中に保存すること、それは私たち大人がつらいときにSOSを出して自分の権利を守れるようになるということでもあります。

　私たちは守られませんでした。だけれど、だからこそ、今を生きる子どもたちの権利が守られるよう、そして私たち自身の権利が守られるよう、私たちひとりひとりの小さなアクションを支えるための本として、身近に置いていただけると幸いです。　　　　　　　　　　　　　　　鴻巣麻里香

鴻巣麻里香（こうのす・まりか）

KAKECOMI代表。精神保健福祉士、スクールソーシャルワーカー。1979年生まれ。外国にルーツがあることを理由に差別やいじめを経験する。ソーシャルワーカーとして精神科医療機関勤務、東日本大震災の被災者・避難者支援を経て、2015年に非営利団体KAKECOMIを立ち上げ、こども食堂とシェアハウスを運営している。著書に『思春期のしんどさってなんだろう？』（平凡社）、『わたしはわたし。あなたじゃない。』（リトルモア）がある。

細川貂々（ほそかわ・てんてん）

マンガ家・イラストレーター。1969年生まれ。パートナーのうつ病を描いたコミックエッセイ『ツレがうつになりまして。』（幻冬舎）がベストセラーとなり、ドラマ化・映画化される。近年は自身の子ども時代からの生きづらさをテーマにした『それでいい。』シリーズ（水島広子との共著、創元社）、『凸凹あるかな？ わたし、発達障害と生きてきました』（平凡社）、児童書『がっこうのてんこちゃん』（福音館書店）などを刊行。イラストを担当した本に『発達障害のおはなし』（全3巻、平凡社）などがある。

日本ユニセフ協会「子どもの権利条約」ホームページ
https://www.unicef.or.jp/crc/kodomo/ （子ども向け）
https://www.unicef.or.jp/crc/

知っておきたい 子どもの権利
わたしを守る「子どもの権利条約」事例集

2024年10月16日　初版第1刷発行

文　鴻巣麻里香
絵　細川貂々

発行者　下中順平
発行所　株式会社平凡社
〒101-0051 東京都千代田区神田神保町3-29
電話 03-3230-6573［営業］
ホームページ https://www.heibonsha.co.jp/

デザイン　横須賀拓
印刷　株式会社東京印書館
製本　大口製本印刷株式会社

© KŌNOSU Marika, HOSOKAWA Tenten 2024 Printed in Japan
ISBN 978-4-582-51294-6

落丁・乱丁本のお取り替えは小社読者サービス係まで直接お送りください（送料は小社で負担いたします）。

【お問い合わせ】
本書の内容に関するお問い合わせは弊社お問い合わせフォームをご利用ください。
https://www.heibonsha.co.jp/contact/